지은이 **롤프 모리엔**

경제학, 정치학을 전공했
독일 언론사 《악치엔아날
2년부터 주식 정보 사이
베스트셀러에 오른 『쉽
전에 적용하는 주식정보
Börseganz praktisch』, 『잃지 않는 투자법Verschenken Sie kein Geld!』 등이 있다.

하인츠 핀켈라우 Heinz Vinkelau
뮌스터대학교에서 국민경제와 경제사를 전공했다. 15년간 출판사에
서 편집자로 일하다가 현재는 창업 컨설턴트로 활동하고 있다.

감수 **이상건**

미래에셋투자와연금센터 대표로 일하며 어려운 경제 지식을 일반 대
중에게 쉽고 재밌게 전하는 다양한 활동을 이끌고 있다. 서강대 신문
방송학과를 졸업했고 동부생명, 한경 와우TV 기자를 거쳐 경제주간
지 《이코노미스트》의 금융 및 재테크 팀장을 지냈다. 저서로는 『부자
들의 개인 도서관』, 『부자들의 생각을 읽는다』, 『돈 버는 사람은 분명
따로 있다』 등이 있으며, 감수한 책으로는 『조지 소로스, 금융시장의
새로운 패러다임』, 『피터 린치의 이기는 투자』, 『가치투자의 비밀』 외
다수가 있다.

번역 **강영옥**

덕성여자대학교 독어독문과를 졸업하고 한국외국어대학교 통역번역
대학원 한독과에서 공부한 후, 여러 기관에서 통번역 활동을 했다. 현
재 번역 에이전시 엔터스코리아에서 번역가로 활동 중이다. 옮긴 책
으로는 『말의 마지막 노래』, 『아름답거나 혹은 위태롭거나』, 『인간과
자연의 비밀 연대』, 『호모 에렉투스의 유전자 여행』, 『자연의 비밀 네
트워크』, 『바이러스』, 『200세 시대가 온다』, 『노화, 그 오해와 진실』,
『워런 버핏』 등 다수가 있다.

더 클래식 짐 로저스

짐 로저스

거리로 뛰쳐나온 투자계의 이단아

볼프 모리엔·하인츠 핀켈라우 지음 | 강영옥 옮김 | 이상건 감수

더 클래식

다산북스

"나는 가던 길에서 더 많이 벗어날수록

언제나 더 큰 행운을 맞이했다."

- 짐 로저스

차트 분석을 하지 않는
세계 3대 투자가

우리가 흔히 위대한 투자가라고 부르는 이들 중 대다수는 어린 시절부터 투자의 역사에 한 획을 그을 만한 싹을 보였다. 전 세계를 누비며 독특한 시각으로 언제나 세상을 깜짝 놀라게 했던 전설적 투자가 짐 로저스도 어린 시절에 이미 투자가로서의 자질을 드러냈다. 그는 여섯 살 때 아버지에게 목돈을 빌려 땅콩 볶는 기계를 구입했고, 직접 땅콩을 볶아 음료와 함께 야구장 관중에게 팔았다. 그는 5년 만에 아버지에게 돈을 갚았고 그러고도 100달러의 수익을 남겨 통장에 저축했다.

엄청난 운동광이자 모범생이었던 로저스는 30대 후반의 나이에 이미 수백억대의 자산을 축적한 뒤 펀드매니저에서 은퇴했다. 그후 마치 '인디애나 존스'처럼 오토바이와 자동차를 타고 전 세계를 누비며 세상이 아직 발견하지 못한 비밀스러운 기회를 찾아 헤맸다. 그는 공매도와 상품 선물 거래 등 위험천만 투자를 즐겼으며, 한편으로는 미국의 닷컴버블과 서브프라임 모기지 사태를 정확하게 예측해 수많은 증권사와 투자사가 파산할 때 막대한 부를 축적했다. 그는 개별 종목의 차트 분석에 매달리지 않고, 그 대신 세계 거시경제를 탐구함으로써 새로운 투자의 기회를 발견했다.

과거 수십 년 혹은 수백 년 동안 성공적인 길을 걸어온 투자의 귀재들이 있다. 그리고 이들의 투자 전략은 이미 검증되었다. 그런데 왜 사람들은 이미 검증된 전략을 놔두고 엉뚱한 곳에서 길을 찾으려 하는 걸까? 대가들의 전략을 모방하는 것은 결코 부끄러운 일이 아니다. 오히려 어떤 전략이 성공적인지 알고 이해한 뒤 그로부터 새로운 전략을 발견해 실천에 옮기는 남다른 능력을 발휘해야 한다.

투자를 하는 사람들이 잊고 있지만, 그 어떤 격언보다 진실에 가까운 격언이 있다. "사람들은 10만 달러를 잃을 때까지 온갖 멍청한 짓을 한다." 사람들은 대체 왜 검증된 투자법을 무시한 채 자신의 아이디어만 고집할까? 왜 그렇게 실수를 되풀이하다 빈털터리가 되어서야 과거를 후회하고 절망하는 것일까? 우리는 그 모든 실패의 근원에는 무지가 자리하고 있다고 생각했다.

물론 이 책 한 권으로 전설적인 투자가들의 어린 시절을 전부 들여다볼 수는 없지만, 그럼에도 당신은 이 책을 통해 그들이 어떤 과정을 통해 배웠고 어떤 특성을 가진 인물로 성장했는지 알게 될 것이다. '더 클래식' 시리즈 1부에서는 먼저 전설적인 투자자들의 성장 과정을 다룬다. 2부에서는 위대한 투자자들의 투자 성공기와 그들만이 가진 전략을 소개한다.

투자의 귀재들로부터 투자법과 철학을 배운다면 잘못된 길로 빠질 가능성이 현저히 낮아질 것이다. 물론 그들의 전략을 그대로 베끼라는 뜻은 아니다. 이미 큰 성공을 거둔 투자자들의 결정 과정과 방식을 이해하면 투자에 도움이 된다는 이야기다. 이러한 관점에서 트렌 그리핀Tren Griffin이 쓴 『워렌 버핏의 위대한 동업자, 찰리 멍거』는 유용한 책이다. 이 책에서 그리핀은 이렇게 말했다.

> "찰리 멍거Charles Munger와 워런 버핏처럼 성향이 비슷한 사람도 없을 것이다. 이들의 롤모델은 많은 사람이 본받고 싶어 하는 벤저민 프랭클린Benjamin Franklin이었다. 다만 그를 영웅으로 숭배하기보다는 그의 품성, 성격, 체계, 인생에 대해 진지하게 고민했다. 특히 멍거는 수백 편의 자서전을 읽는다. 직접 체험하지 않고 다른 사람의 실패로부터 교훈을 얻는 것은 가장 빠르게 똑똑해지는 방법이기 때문이다."

바로 이것이 주식 투자로 바로 수익을 내지 못해도 위대한 투자의 거장들이 꿋꿋이 버틸 수 있었던 힘이었다. 워런 버핏Warren Buffett은 현대 주식 시장 역사상 가장 유명하고 성공한 투자자로 손꼽힌다. 그는 입버릇처럼 "투자는 단순하지만 쉬운 일은 아니다"라고 말한다. 그의 영원한 파트너인 찰리 멍거 역시 "단순한 아이디어를 진지하게 다루라"라고 이야기한다. 이처럼 투자에 성공하는 데에 어떤 신묘한 재주나 비법이 필요한 건 아니다.

우리가 '더 클래식' 시리즈를 통해 소개하는 전략 역시 대부분 아주 단순하다. 하지만 가슴에 손을 얹고 생각해 보기 바란다. 그토록 기초적이고 간단한 투자의 규칙 중에서 제대로 알고 있거나 실전에 활용하고 있는 내용이 단 하나라도 있는가? 우리는 왜 이토록 검증된 투자법을 그동안 외면해 왔을까? 이 책이 그러한 문제의식에 답하는 첫 번째 공부가 되길 바란다.

월가의 젊은 투자자들이
가장 닮고 싶어 했던 남자

여기 한 남자가 있습니다. 그는 스물일곱 살에 직장 상사와 투자 회사를 창업했습니다. 10년 동안 정말 미친 듯이 일했습니다. 주말도 휴일도 없이 오로지 투자에만 전념했습니다. 그 덕분에 수익률은 날로 높아졌고, 단 한 해도 마이너스를 기록하지 않았습니다. 불과 서른일곱 살의 나이에 이 남자는 미국 투자계의 전설이 되었습니다. 물론 그가 처음부터 대단한 삶을 살았던 것은 아닙니다. 사회생활을 처음 시작했을 때 이 남자의 호주머니에는 단돈 600달러밖에 없었습니다. 하지만 시간이 흘러 서른일곱 살이 되었을 때 이 남자의 계좌에 들어 있는 돈은 1400만 달러에 달했습니다.

그런데 그는 최전성기에 돌연 은퇴를 선언합니다. 요즘 말로 '파이어족'이 되었습니다. 남들보다 훨씬 이른 나이에 큰돈을 벌고 투자해, 평생 써도 부족함이 없는 어마어마한 부를 이룬 것입니다. 자유를 선택한 그는 여행가로서 인생 2막을 시작합니다. 1986년과 1988년에 각각 미국과 중국으로 오토바이 여행을 떠났습니다. 1990년에는 세계 일주를 시작했는데 무려 50개국 이상에 걸쳐 약 16만 킬로미터를 돌아다녔습니다. 돌아다닐 때마다 파트너가 바뀌었고, 두 번째 여행의 파트너였던 한 여성과는 세 번째 결혼을 했습니다. 환갑의 나이에 스물네 살이나 어린 연인과 결혼한 그는 두 아이를 낳고 현재 동남아시아의 따뜻한 나라에서 행복하게 살고 있습니다. 이 이야기의 주인공은 바로 세계적인 투자가 짐 로저스입니다.

세계에는 뛰어난 투자가가 수없이 존재합니다. 막대한 기

부를 통해 뭇 투자자들의 존경을 받았던 존 템플턴 같은 인물도 있고, 투자를 통해 세계적인 갑부 반열에 오른 워런 버핏 같은 인물도 있습니다. 하지만 한때 미국 월가의 젊은 이들이 가장 부러워한 인물은 템플턴도 버핏도 아니었습니다. 이들에게도 물론 무한한 존경심을 보냈지만, 젊은이들이 가장 선망하는 사람은 따로 있었습니다. 바로 파이어족의 원조라 할 수 있는 짐 로저스입니다.

필자는 10여 년 전에 출간된 짐 로저스의 저서 『어드벤처 캐피털리스트』,『월가의 전설 세계로 가다』를 처음 읽고는 '이렇게 멋진 인생이 있다니!'라고 속으로 외쳤습니다. 때로는 시기 어린 마음으로, 가끔은 부러운 마음으로 짐 로저스를 동경했던 시절이 있었습니다. 물론 사람마다 중요하게 여기는 인생의 가치가 다르겠지만, 통속적이고 세속적인 의미에서 짐 로저스의 인생이야말로 요즘 젊은이들이 가장 닮고 싶어 하는 삶이 아닐까요? 젊은 나이에 엄청난 부를 축적한 뒤 자신의 꿈인 세계 여행을, 그것도 오토바이와 자동차를 타고 함께 떠나는 삶은 분명 특별한 삶일 것입니다(물론 이런 의견에 칼날을 들이대는 독자도 있겠지만 필자는 그

날카로운 비판을 달게 수용할 생각입니다).

하지만 로저스의 이런 화려한 면모는 그가 지나온 인생의 아주 작은 일부분일 뿐입니다. 그가 헤지펀드 업계의 살아 있는 전설이기 때문이죠. 로저스의 직장 상사는 그 유명한 조지 소로스George Soros였습니다. 소로스는 타이거 펀드를 설립한 줄리언 로버트슨Julian Robertson 등과 함께 헤지펀드 산업의 대부로 꼽히는 인물입니다. 그가 로저스와 운용했던 '퀀텀 펀드Quantum Fund'는 수익률도 탁월했지만, 전에 없던 완전히 새로운 투자 기법의 지평을 열었다는 평가를 받는 역사적인 펀드입니다.

오늘날에는 거의 모든 헤지펀드가 사용하는 투자 기법이 되었지만 1970년 처음 이 펀드가 출범했을 때만 해도 이른바 '매크로Macro 기법'을 사용하는 곳들은 없었습니다. 매크로 기법이란 개별 기업을 미시적으로 분석하는 보텀업Bottom-up 분석 방식이 아니라, 시장 전체를 조망하며 아래로 내려가는 톱다운Top-down 분석 방식의 일종입니다. 우리가 잘 아는 가치투자자 대다수는 보텀업 투자자로 분류할 수 있습니다. 바로 이 점에서 로저스의 투자 전략은 위대한 투자의 거장들 사이에서도 독보적이라고 할 수 있죠.

그렇다면 보텀업 분석법과 톱다운 분석법은 구체적으로 무엇이 다를까요? 짐 로저스의 이야기를 직접 들어보겠습니다. "우리가 관심을 갖는 것은 한 기업의 다음 분기 매출이나 특정 연도의 알루미늄 수출량이 아닙니다. 그런 미세한 영역에는 관심이 없습니다. 우리가 궁금해하는 것은 지금의 사회적·경제적·정치적 요인이 향후 특정 산업 분야 또는 그룹별 주식 목록에 끼칠 영향입니다. 우리는 톱다운 방식으로 분석한 주식 종목의 예상가가 실제 시세와 크게 차이가 날 때에만 해당 종목을 매수합니다. 왜냐하면 그 '괴리'에 돈을 벌 수 있는 기회가 숨어 있기 때문이죠."

톱다운 분석법으로 투자 대상을 물색하는 과정을 시스템적으로 구조화한 것이 바로 짐 로저스의 매크로 기법입니다. 이 투자법에서는 투자 대상과 방법을 가리지 않습니다. 워런 버핏은 늘 주식 중심의 포트폴리오를 구축한 뒤 장기간 보유하며 시간에 투자하는 '바이 앤드 홀드Buy & Hold' 전략을 기본으로 삼았습니다. 어차피 시간이 지나면 우상향할 것이기에 공매도나 파생상품 투자는 거들떠보지 않았고 환율도 크게 신경 쓰지 않았습니다. 하지만 로저스 같은 글로벌 매크로 투자자들은 돈이 될 것 같으면 수단과 방법을 가리지 않았습니다.

실제로 로저스는 공매도를 통해 큰돈을 번 적도 많았습니다. 투자 대상 또한 제한이 없어서 국가, 통화, 원자재 등 종류를 가리지 않고 투자했습니다. 미국과 같은 선진 시장은 물론이고, 아시아의 신흥 시장을 포함해 아프리카 같은 저개발 국가에서도 투자 기회를 낚아챘습니다. 로저스는 바로 이런 방식으로 자신만의 펀드를 운용하면서 10년 동안 무려 4200퍼센트라는 경이로운 누적 수익률을 기록했습니다. 이 수익률은 당연하게도 헤지펀드 역사상 가장 위대한 기록 중 하나로 남아 있습니다.

*　*　*

하지만 짐 로저스가 투자계에 던진 화두는 이런 단순한 수

치뿐만이 아닙니다. 그의 삶은 우리에게 이렇게 질문합니다. '투자에서 왜 역사와 철학과 심리학이 필요한가?' 로저스는 대학에서 경제학이나 경영학을 전공하지 않았습니다. 그는 그 유명한 예일대학교에서 역사학을 공부했습니다.

로저스뿐만 아니라 일류 투자가들 중에는 역사와 철학 등 인문학에 관심을 가진 사람이 적지 않습니다. 기술주 투자에 가치투자를 적용해 투자의 지평을 넓힌 윌리엄 밀러 William Miller는 철학 박사 출신이고, 전설적인 펀드매니저 피터 린치Peter Lynch 역시 대학 시절 인문학 수업을 즐겨 들었던 것으로 유명합니다. 버핏의 파트너로 버크셔해서웨이의 부회장을 맡고 있는 찰리 멍거는 인문학과 심리학에 조예가 깊어 '아마추어 심리학자'라는 별명을 갖고 있기까지 합니다.

로저스는 한국에 『백만장자 아빠가 딸에게 보내는 편지』라는 제목으로 소개된 투자 입문서에서도 역사 공부의 중요성을 강조하고 있습니다(참고로 로저스는 두 딸의 아버지입니다).

"역사가 시장을 움직이는 힘을 알려줄 것이다. 시장의 장기적 흐름과 함께 역사적 사건들을 자세히 살펴보면 주가와 상품 가격에 미치는 요소를 찾아낼 수 있다."

1988년 컬럼비아경영대학원은 짐 로저스의 탁월한 투자 실력과 시장을 바라보는 날카로운 안목을 인정해 그에게 정교수직을 제안했습니다. 이를 수락한 로저스는 자신의 투자 실무 수업을 듣는 학생들에게 주식 시장의 상승과 하락을 가져온 역사적 사건을 찾아내라는 과제를 내기도 했습니다.

위에서 언급한 같은 책에서 로저스는 심리학에 대한 공부도 적극적으로 권장하고 있습니다. 그 이유는 주식 시장의 절반은 대중의 심리, 그중에서도 '패닉panic'에 의해 돌아간다고 믿었기 때문이죠. 사람들이 공포에 질려 도망칠 때 주식을 매수하고, 사람들이 욕망에 눈이 멀어 달려들 때 재빨리 주식을 매도하려면 바로 인간의 심리를 철저히 공부해야 한다고 로저스는 강조했습니다.

투자에서는 '독자적 의사결정'이 매우 중요합니다. 로저스
역시 투자 초창기에는 조사와 연구를 등한시하고 동료의
의견을 무비판적으로 받아들였다가 큰 실패를 맛보기도
했습니다. 그렇다면 진정한 독자적 의사결정이란 무엇일까
요? 로저스는 군중과 반대로 갈 수 있는 심리적 힘이 있을
때 그것이 가능하다고 설명합니다. 즉, '역행 투자'를 할 수
있는 확실한 근거와 자신감을 갖추라는 뜻이죠. 언제든 남
들과 반대 방향으로 갈 수 있고, 기꺼이 소수에 속할 수 있
을 때 비로소 독자적 의사결정이 가능하다고 보았습니다.

> "성공 투자의 노하우는 강세 종목을 추종하는 것이 아
> 니다. 항상 약세 시장에 더 관심을 가져야 한다. 남들
> 이 관심을 가지지 않을 때 종목을 고르고 새로운 것을
> 시도해야 한다. 남들이 하는 대로 따라 하지 말고 네
> 자신의 머리를 써라. 중대한 결정을 내릴 때는 남의 말
> 이나 군중 심리에 휩쓸리지 말고 스스로 판단해야 한
> 다. 그러기 위해서는 스스로 조사하고 생각해서 무엇
> 이 자신에게 진정으로 필요한지를 결정해야 한다."

그리고 로저스는 우리에게 가장 결정적인 투자의 팁을 알려줬습니다. "주위 사람들이 당신의 어떤 행동을 가로막거나 우습게 본다면 그것이야말로 가장 확실한 성공의 조짐이다."

로저스는 열렬한 독서가이자 분석가였습니다. 필자는 한때 "왜 일류 투자가들은 예외 없이 소위 '읽기 중독증' 환자일까?"라는 의문을 가진 적이 있습니다. 그런데 지금은 그 의문이 대부분 해소되었습니다. 그 이유는 투자가 고도의 지적 노동이기 때문입니다. 프로 리그에서 뛰는 운동선수가 날마다 일정한 루틴에 따라 식습관을 관리하고 운동을 하듯이, 투자자 역시 하루도 빠지지 않고 자료를 조사하고 시장을 분석해야 합니다. 로저스는 마음에 드는 투자 대상을 발견하면 그 투자 대상이 속한 분야를 처음부터 끝까지 철저히 공부했습니다. "만약 내가 다이아몬드에 투자해야 한다면 나는 다이아몬드 산업은 물론이고 나미비아의 광석 밀수 시장부터 공부할 것이다. 제대로 알지 못하고 투자하는 것은 투자가 아니라 도박이다."

* * *

로저스는 오래전부터 세계의 미래가 곧 중국이 될 것이라고 주장해 왔습니다. 그는 자신의 주장을 말뿐만 아니라 행동으로 보이기 위해 싱가포르에 거처를 마련해 두 딸을 키우고 있으며, 엄청난 규모의 중국 주식을 계속해 사들이고 있습니다. "나는 늘 새로운 사람들을 만날 때마다 '최고의 투자법은 자녀들에게 만다린(중국 대륙 일부에서 쓰이는 방언의 하나-옮긴이)을 가르치는 것'이라고 말하고 다닌다. 일단 나부터 이 조언을 스스로에게 적용시켰다." 짐 로저스는 원래 중국에서 딸들을 키울 작정이었지만 공기가 너무 나빠서 싱가포르에 정착했다고 합니다.

짐 로저스가 처음으로 중국 주식 투자를 시작한 시기는 1988년으로 알려져 있습니다. 이때만 해도 중국 주식의 미래를 내다본 사람은 거의 없었습니다. 1986년 중국 증시가 처음 거래를 시작했을 때 실제로 상장된 중국 기업은 단 두 곳뿐이었습니다. 하루 거래량도 30주에 불과했다고 합니다. 하지만 그 이후 중국 증시는 엄청난 속도로 어마어마하게 성장했습니다. 로저스는 이 거대한 물살에 그 누구보다 먼저 올라탔고, 그의 투자는 지금도 여전히 현재 진행형입니다.

하지만 한 가지 의문점이 남습니다. 로저스는 항상 미국보다 중국에 더 적극적으로 투자해야 한다고 강조했지만 최근 몇 년의 흐름을 보면 꼭 그렇지도 않기 때문입니다. 이는 최근 격화되고 있는 중국과 미국의 무역 갈등 때문인 것으로 파악됩니다. 중국이라는 국가만 놓고 보면 경제 성장 가능성은 여전히 매우 높지만, 전쟁 등 외적 변수를 고려하면 전처럼 과감한 투자를 하기에는 다소 위험한 상황입니다. 물론 로저스는 여전히 중국에 대한 확고한 믿음을 버리지 않고 있습니다.

그는 설사 중국의 성장 속도가 자신이 생각하는 것보다 빠르지 않다고 할지라도, 언젠가는 미국을 제치고 전 세계에서 가장 부강한 나라가 될 것임을 확신하고 있습니다. 적어도 현재 중국이 세계 경제에서 차지하는 위상만큼은 결코 떨어지지 않으리라고 예측하는 것입니다.

끝으로 로저스의 투자법을 설명할 때 빼놓을 수 없는 종목이 바로 '상품 투자'입니다. 로저스는 상품 투자 예찬론자로도 유명합니다. 상품 투자는 변동성이 심한 투자법인데, 오로지 수요와 공급에 의해 가격이 결정되기에 기회만 잘 포착하면 엄청난 돈을 벌 수 있지만 한번 기회를 놓치면 영영 복구할 수 없는 엄청난 손실을 떠안아야 합니다.

앞서 말했듯이 로저스는 대학생 시절부터 역사학에 일가견이 있었고 투자자라는 직업을 가진 뒤에도 꾸준히 세계의 역사와 경제의 원리에 대해 공부해 왔습니다. 그는 주식 시장과 상품 시장이 특정한 주기에 따라 성장과 쇠락을 반복한다는 것을 발견했는데, 이것이 바로 로저스의 '주식-상품 시장 사이클 이론'입니다. 그는 주식과 상품 시장이 맞물려 상승과 하락을 반복하는 주기가 대략 18년이라고 주장합니다.

예를 들어보겠습니다. 1980년대 초반 미국 증시는 이후 20년 가까이 역사상 최대 호황 사이클을 기록했습니다. 하지만 미국 주식 시장은 2000년대 닷컴버블과 금융위기를 연달아 겪으면서 장기 침체에 빠졌고, 바로 최근 몇 년 전 그 침체의 늪에서 빠져나와 사상 최대 실적을 기록하고 있습니다(그렇다면 최근 이어지고 있는 미국 주식 시장의 호황기는 언제까지 이어질까요? 독자들이 한번 맞혀보시기 바랍니다). 역사적 경험을 통해 예측하자면 영원한 호황이란 없을 것입니다. 반대로 영원한 불황도 없고요. 양지가 있다면 그 반대편에는 음지가 있기 마련이죠.

로저스는 주식 시장과 상품 시장의 트렌드가 양지와 음지처럼 계속 교차된다고 생각했습니다. 이러한 깨달음 끝에 만들어진 인덱스 펀드가 바로 1998년 로저스가 각종 원자재와 농산물 등을 중심으로 구성한 'RICI(로저스 인터내셔널 상품 인덱스)'입니다. 만약 로저스의 이런 전망에 동의하는 독자가 있다면, 지금 국내에서도 해당 펀드를 추종하는 상품이 있으니 포트폴리오의 스펙트럼을 넓히는 차원에서 관심을 가져보면 좋을 것 같습니다.

로저스의 중국 투자와 상품 투자가 앞으로 얼마나 더 좋은 성과를 낼지 판단하는 것은 필자의 능력 밖입니다. 아무리

뛰어난 전망이라고 해서 항상 옳은 것도 아닙니다. 그렇다면 로저스의 투자 철학에서 우리가 새겨봐야 할 것은 무엇일까요?

> 개별 사안 하나만 바라보지 않고 흐름과 분야 전반을 폭넓게 바라보는 시야, 과거로부터 이어져 내려온 돈의 흐름과 역사에 대한 인식, 인간의 욕망과 공포 등 심리를 이해하고 그것을 활용해 독자적 사고를 해내는 자기 확신….

로저스는 남들과 다르게 행동할 수 있는 지식과 용기가 투자자에게 얼마나 중요한지를 몸소 보여줬습니다. 어찌 보면 보텀업 방식의 가치투자든 톱다운 방식의 매크로 기법이든, 투자에서 필요한 공통된 자질은 큰 차이가 없는 것 같습니다. 위대한 투자가들이 스승으로 모신 벤저민 그레이엄이 시장에 대한 지식이나 정보보다 투자자의 성향과 태도를 더 중요하게 강조한 이유가 새삼 떠오릅니다.

때론 유연하고 때론 굳건했던 짐 로저스의 삶과 투자 철학을 읽으면서 독자 여러분도 본격적인 투자에 앞서 자신의 성정性情, 즉 성향과 심성을 잘 들여다보기를 바랍니다.

미래에셋투자와연금센터 대표

이상건

목 차

서문 I 차트 분석을 하지 않는 세계 3대 투자가   7

감수의 글 I 월가의 젊은 투자자들이 가장 닮고 싶어 했던 남자   12

1부 짐 로저스의 삶
거리로, 거리로, 거리로

앨라배마의 촌놈   33

예일대 역사학과에서 배운 것   43

첫 장외 거래를 경험하다   49

사령관의 돈을 불려준 초급 장교   57

돈 버는 데 혈안이 된 펀드매니저   63

37살에 투자 시장에서 은퇴하다   67

전 세계를 누비며 자유롭게 살다   77

강연료 대신 스포츠센터 이용권을 받다   87

로저스와 딸들   93

2부 짐 로저스의 투자 철학
무리에서 벗어나라

퀀텀 펀드 | 짐 로저스의 투자 성적표   103

두 개의 안경 | 거시적 경제 분석의 대가   107

턴어라운드 | 사망 선고를 받은 사람이 더 오래 산다   115

전 세계 시장의 절반 | 상품에 투자하라, 하루라도 빨리   125

사이클 예측 | 상품 시장과 주식 시장은 반대로 움직인다   131

선물 거래 | 짐 로저스가 가장 재미를 봤던 투자법   141

ETC | 상품 선물 투자의 리스크를 어떻게 관리할까   149

글로벌 투자 | 왜 한 나라에만 투자해야 하는가   155

H주식과 S주식 | 미래는 중국에 있다   161

부록

짐 로저스의 12가지 글로벌 투자 원칙   167

더 클래식 짐 로저스 연대표   171

더 클래식 투자 용어 사전   178

미주   216

1부
짐 로저스의 삶

거리로,
거리로, 거리로

절약할 줄 알고 똑똑하게 투자할 줄 아는 사람은

평생 돈 때문에 큰 걱정을 하며 살 일이 없다.[1]

내가 투자에 성공한 이유는 단 한 가지다.

그것이 내게 가장 큰 즐거움을 주는 일이었기 때문이다.[2]

앨라배마의 촌놈

전 세계 투자 시장에서 가장 큰 성공을 거둔 두 인물, 짐 로저스와 워런 버핏 사이에는 눈에 띄는 차이점이 하나 있다. 버핏은 시골(오마하)에서 자라고 거의 한평생을 그곳에서 보냈지만, 짐 로저스는 어린 시절부터 늘 더 넓은 세상을 동경했다. 이런 성향 때문이었을까? 버핏이 미국 주식을 중심으로 포트폴리오를 구성한 반면, 로저스는 전 세계를 대상으로 과감하고 역동적인 투자를 추구해 왔다. 지금도 그는 세계를 종횡무진 돌아다니며 새로운 투자처를 찾아 헤매고 있다. "내가 성장한 데모폴리스Demopolis라는 작은 도시의 이름은 '민중의 도시'라는 뜻이다.[3] 그곳에서 나는 인생의 많은 것을 배웠지만, 나는 대도시를 좋아한다. 나는 앨라배마의 데모폴리스로 돌아간다는 걸 단 한 번도 꿈꿔본 적이 없다. 내가 대학을 졸업할 무렵까지 그곳의 지역 전화번호는 여전히 한 자릿수였다."[4]

1942년 10월 19일 제임스 짐 빌랜드 로저스 주니어James Jim Beeland Rogers Jr.는 제임스 빌랜드 로저스 시니어James Beeland Rogers Sr.와 에른스타인 브루어 로저스Ernestine Brewer Rogers의 첫째 아들로 태어났다. 가족 중 이름이 겹쳐서인지 아니면 다른 이유가 있어서인지는 모르겠으나 얼마 되지 않아 '제임스 주니어'라는 이름은 '짐 주니어'로 바뀌었다.

어린 짐은 앨라배마 북부에 위치한, 인구 7000명도 안 되는 소도시 데모폴리스에서 어린 시절을 보냈다. 데모폴리스는 인구수는 많지 않았지만 머렝고카운티에서는 가장 큰 도시였다. 비록 산업 구조는 취약했지만 농업이 크게 발달해 앨라배마에서 미시시피에 이르는 이른바 '블랙벨트

Black Belt '의 중심지 중 하나로 꼽혔다. "사람들은 우리 고향을 '흑토대'라고 불렀다. 이 지역에는 농경지가 많고 토양이 비옥해서 200년 동안 대규모 목화 플랜테이션이 발달했다. 노예제가 폐지된 후에도 목화 농사는 명맥을 유지했지만, 목화의 꼬투리를 말라 죽게 하는 바구미(쌀, 보리 따위를 파먹는 해충-옮긴이) 때문에 결국 쇠퇴해갔다."[5]

짐의 부모님은 대학을 졸업한 고학력자였고 둘은 오클라호마대학교에서 만났다. 이곳에서 짐의 아버지인 제임스 시니어는 석유공학을, 어머니는 인문학을 전공했다. 짐의 아버지는 데모폴리스에서 아교와 포름알데히드를 생산하는 보든 케미컬컴퍼니Borden Chemical Company라는 화학 공장을 운영했다.[6] 그는 다섯 아들에게 매우 엄격했다. "뭔가를 깜빡하거나 미룬다? 우리 집에서는 있을 수 없는 일이었다."[7] 그리고 짐의 부모님은 특히 성실함과 절약을 중시했다. "아버지에게서 거저 받은 것은 없었다. 아버지는 우리가 언제 어디서든 최대한 절약하며 살도록 가르치셨다."[8]

짐 로저스는 여섯 살이 되었을 때 직접 돈을 마련해 글러브를 구입했다. "나는 데모폴리스의 브래스웰 하드웨어 Braswell Hardware라는 상점에 가서 그나마 가격이 가장 저렴한 축에 속했던 4달러짜리 글러브를 찾았다. 그리고 가게 주인 크루즈 브래스웰Cruse Braswell에게 글러브값 4달러를 완납할 때까지 매주 토요일마다 15센트씩 지불하는 조건으로 그 글러브를 손에 넣었다."[9] 그가 어떻게 가게 주인에게 돈을 갚았을까? 어린 짐은 아주 어렸을 때부터 정기적인 수입이 있었다. "다섯 살 때 나는 처음 돈을 벌었다. 지역 야구 경기장에서 빈 병을 모아 고물상에 팔았는데 꽤 짭짤했다."[10] 이것이 꼬마 짐이 최초로 벌인 사업이었다.

거금을 주고 글러브를 구입한 1948년, 로저스는 아버지로부터 첫 투자를 유치한다. "아버지가 내 생애 첫 창업을 위해 자금을 빌려주겠다고 하셨을 때 나는 그 제안을 즉시 수락했다. 나는 아버지의 100달러를 땅콩 볶는 기계를 사는 데 투자했다. 100달러는 앨라배마라는 시골에서는 엄청나게 큰돈이었다. 이후 나는 지역 야구 리그가 열릴 때마다 땅콩과 음료를 함께 팔았고 그 수익을 차곡차곡 모았다. 나는 관중석 사이를 헤집고 다니면서 경기가 끝날 때까지 땅콩을 팔았다. 땅콩은 없어서 못 팔 정도로 인기가 대단했고, 얼마 지나지 않아 나는 동생들과 친구들을 고용해 사업을 확장했다. 그리고 5년 후 아버지에게 빌렸던 100달러를 모두 갚았다. 그러고도 100달러가 남아 그 돈을 모조리 통장에 저축했다."[11]

로저스 형제들은 이 100달러를 그냥 통장에 묵혀두지 않고 소고기에 재투자했다. 이번에도 사업은 번창했고 1년 후 형제들은 엄청나게 큰 이윤을 남겼다.[12] 주목해야 할 것은, 바로 이것이 꼬마 짐이 인생 최초로 벌인 상품commodity 투자였다는 점이다. 짐 로저스는 이 상품 투자 분야에서 역사상 가장 큰 성공을 거둔 투자가다. 상품 투자란 해당 상품의 가격이 오르거나 내려가는 것에 돈을 투자하는 행위다. 예를 들어 여름에 비가 많이 내릴 것을 예상해 우산 수요가 커질 것이라고 추측한 투자자가 있다고 치자. 여름이되면 수요가 증가함에 따라 우산의 가격이 올라갈 것을 대비해, 아직 여름이 오기 전에 비교적 저렴한 가격에 우산을 대량 구입해 놓는 식이다. 여름이 되어 우산이 불티나게 팔릴 때 이 투자자는 큰돈을 벌 수 있을 것이다. 하지만 반대로 비가 생각만큼 오지 않아 우산의 수요가 평소와 다를 바 없다면 잔뜩 사둔 우산만큼 투자자는 큰 손해를 볼 수밖에 없다.

땅콩과 소고기 사업 외에도 짐 로저스는 학생 시절부터 짬이 날 때마다 일을 벌이며 활동 범위를 넓혀왔다. "열네 살이 되었을 때 나는 매주 토요일 오전 칭크Chink 삼촌의 일을 도왔다. 삼촌은 작은 식료품 가게를 운영하고 있었는데 나는 그곳에서 손님을 응대하고 빈 선반에 물건을 채웠다. (…) 삼촌은 내가 일을 너무 잘해서 감동을 받았고, 내가 요구하지 않았는데도 일당을 올려주었다. 이것은 정말 깜짝 놀랄 일이었다. 내가 알기로 칭크 삼촌은 동네에서 알아주는 구두쇠였기 때문이다."[13] 얼마 후 짐은 지역의 한 건설 회사에 채용되었고, 칭크 삼촌의 식료품 가게에 있을 때처럼 열심히 일해 능력을 인정받았다.

짐 로저스는 비교적 유복한 가정에서 태어났지만 '자신이 원하는 것을 얻으려면 일을 해야 한다'는 사실을 다양한 사업을 벌이고 아르바이트를 하며 깨달았다. 훗날 거대한 자산을 일군 뒤에도 그는 이 사실을 매우 긍정적으로 평가했다. "어린 시절 돈을 벌어본 경험은 엄청나게 큰 도움이 됐다. 돈의 액수가 중요한 것이 아니었다. 내가 어떤 일을 할 때 자존감이 높아지는지, 내가 어떤 일을 할 때 가장 행복한지에 대해 진지하게 고민할 수 있는 기회가 되었기 때문이다. 이 경험은 나의 고유한 정체성을 발전시키는 데 결정적인 영향을 미쳤다. 사람은 뭐든지 직접 해보지 않는 이상 결코 자립심을 얻을 수 없다는 것을 나는 일찌감치 깨달았다."[14] 이는 동시대의 위대한 투자가인 워런 버핏도 마찬가지였다고 한다.

소년 로저스는 학교생활에도 성실했다. 그는 급우들 사이에서 유명한 모범생이었다. 고등학교 시절에는 조정 클럽에 가입해 활동했는데, 1950년대 미국 사회에서 조정 클럽의 입회 조건은 매우 까다로운 편이었다. 특히 데모폴리스 고등학교의 조정 클럽은 매년 다섯 명의 신입회원만 받았다. "내 입으로 말하기 부끄럽지만, 고등학교 시절 나는 조정 클럽 선배들로부터 열렬한 요청을 받아 클럽에 가입했다. (…) 1년 뒤 내가 회장을 맡았을 때 데모폴리스 조정 클럽은 소도시 조정 클럽으로서는 처음으로 세계 고등학교 조정 클럽 대회에서 최고의 상을 받았다."[15]

고등학교를 졸업할 무렵 로저스는 테네시의 스워니에 있는 사우스대학교에 지원해 합격했다. 이와 동시에 그는 뛰어난 리더십으로 조정 클럽을 운영한 공로를 인정받아 뉴헤이븐의 예일대학교에서 4년간 장학금을 받는 조건까지 제안을 받았다. "나도 깜짝 놀랐다. 당시 나는 고작 열일곱 살이었고, 예일대학교가 뉴헤이븐에 있다는 것 말고는 아는 것이 없었다. 하지만 부모님은 내가 예일대학교에 합격했다는 것이 어떤 의미인지 잘 알고 계셨다."[16]

전교에서 성적 1등으로 고등학교를 졸업한 짐 로저스는 뜸들이지 않고 진로를 선택했다. 그는 사우스대학교의 입학 제안을 거절하고, 머나먼 동부 해안 지역에 위치한 예일대학교로 떠났다. "나는 앨라배마에서 무려 1600킬로미터나 떨어진 대학교에 입학하는 것이 내 미래를 위한 중요한 발판이 되리라는 것을 잘 알고 있었다. 고향을 떠난다는 것이 슬프고 두려웠지만, 바깥 세상으로 나서는 데에는 추호의

망설임도 없었다. 나는 내 두 눈으로 직접 세상을 목격하고
싶었다."[17]

나는 자유를 희생하며 돈을 벌어야 했다.

운 좋게 예일대학교에서 공부할 기회를 얻은

앨라배마 데모폴리스 출신의 가난한 청년이었기 때문이다.[18]

하지만 다행히도 나는 그곳에서 대체로 멋진 시간을 보냈다.[19]

예일대 역사학과에서
배운 것

———————— 1960~1964 ————————

시골 청년 로저스에게 목가적인 풍경의 앨라배마에서 명문 학교인 예일대학교로 유학을 온 것은 엄청난 출세였다. 그런데 처음 예일대학교 장학생으로 선발된 후 느꼈던 행복감은 점차 자신에 대한 회의로 변해갔다. "어렴풋이 이런 생각이 들었다. '아니, 내가 예일로 가야 하다니.' 갑자기 불안함이 나를 덮쳤다. 내가 이 선택에 큰 부담감을 느끼고 있다는 것을 알고 있었기 때문이었다."[20]

로저스는 자신의 실력에 대해 회의를 느낄 수밖에 없었다. 동창 중 대다수가 자신이 다녔던 공립 고등학교와 가르치는 수준이 다른 사립 학교에서 교육을 받았기 때문이다. 그는 그들의 실력이 자신보다 월등하다는 것을 잘 알고 있었다. "나는 아무 준비도 되지 않은 상태에서 북동부 지역의 명문고 졸업생들과 경쟁해야 했다. 이건 분명 그리 유쾌한 사실은 아니었다. 하지만 나는 늘 그랬듯이, 인생의 과제를 담담히 받아들이기로 했다. 나는 그들보다 더 고생할 준비가 되어 있었고, 그래서 아침마다 다른 학생들보다 조금 일찍 학교에 도착했다."[21]

예일에 도착하고 얼마 되지 않아 로저스는 매년 2000달러의 장학금만으로는 유학 생활을 지속하는 데 턱없이 부족하다는 사실을 금세 깨달았다. 대도시의 물가는 앨라배마의 순진한 청년 짐에게는 가히 충격적이었다. 학교 등록금과 식비, 기숙사 비용에만 최소 2300달러가 필요했다. 여기에 교재와 각종 수업 자료, 최소한의 여가 활동에 지출할 돈까지 더하면 숨이 막힐 지경이었다. 그는 예일에서 계속 공부하기 위해 어쩔 수 없이 일자리를 찾기 시작했다. "나는 일주일 중 20시간 넘게 식당에서 일하고 대학교에서 시간제 아르바이트로 일했다."[22]

예일대학교에서 짐 로저스가 전공한 과목은 무엇이었을까? 많은 사람이 그의 전공을 경영학이라 알고 있지만, 의외로 그는 역사학을 전공했다. 이 시기의 그는 졸업 후 진로를 아직 결정하지 않은 상태였다. 나중에 로저스는 대학에서 공부했던 역사학이 투자자로서의 자신의 직업에 꽤 큰 자양분이 되었다는 사실을 깨달았다. "역사라는 학문에서 유일하게 변하지 않는 진실은 이것이다. '역사는 끊임없이 변한다.' 이는 투자와도 묘하게 닮은 구석이 있다. 시장을 움직이는 변치 않는 법칙은 '시장은 끊임없이 변한다'는 것이다. 투자에 성공하려면 경영학과에서 배우는 전문지식도 중요하지만, 나는 그 무엇보다도 이 단순한 사실을 이해하는 것이 더 중요하다고 생각한다."[23]

그는 그 누구보다 열성적으로 공부하고 아르바이트를 했지만, 또한 그 누구보다 정력적으로 예체능 활동에도 시간을 투자했다. 1학년 시절에는 예일대학교 조정부의 키잡이로 활약했으며(4학년이 되자 졸업시험 준비에 집중하기 위해 조정부 활동을 중단했다), 연극부에 가입해 무대에서 주인공을 맡기도 했다. 로저스는 자신의 연기에 대해 이렇게 평가했다. "나는 여러 번 무대에 올랐는데, 1961년 졸업 공연 때는 무려 「토요일 밤의 열기Saturday Night Fever」를 찍은 영화감독 존 배텀John Badham이 총감독을 했다. 만약 그가 당시의 나를 기억해서 자신의 영화에서 내게 주연을 맡겼다면 아마 지금의 「토요일 밤의 열기」는 없었을 것이다."[24] 로저스는 엄청나게 성공한 투자가치고는 매우 겸손한 편이었다. 적어도 자신의 연기에 대해서만큼은 말이다.

로저스는 학업에 열중하기 위해 연기도 그만두었다. "내가 이 원칙을 지킨 보람이 있었다. 나는 동급생들만큼 머리가 좋진 않았지만, 무엇이 중요하고 무엇이 덜 중요한지 분간할 능력은 있었다. 그 덕분에 다행히도 나는 예일대학교를 우수한 성적으로 졸업할 수 있었다. 하지만 당시 대다수의 졸업생이 그랬듯이, 나 역시 어떤 진로를 선택해야 할지 확신이 없었다."[25] 로저스는 일단 학업을 더 이어나가기로 결정한 뒤 다양한 전공 과정의 대학원에 지원했다. 이번에도 운은 그의 편이었다. 하버드대학교 경제학 전공 과정뿐만 아니라, 하버드대학교와 예일대학교의 법학 전공 과정에도 합격한 것이다. 이뿐만 아니라 영국 옥스퍼드의 벨리올칼리지에도 합격했다. 결국 로저스는 더 넓은 세상으로 나가기 위해 벨리올칼리지에 입학해 자신이 원하는 공부를 원 없이 이어나갔다. "이로써 나는 내가 무슨 일을 해야 할지 결정할 수 있는 2년의 시간을 얻게 되었다."[26]

나는 옥스퍼드대학교의 대학원 과정에 다니면서

기업가보다는 투자가가 적성에 더 맞다는 것을 깨달았다.[27]

첫 장외 거래를
경험하다

——— 1964~1966 ———

1964년 가을 로저스는 옥스퍼드의 벨리올칼리지에 입학했다. 옥스퍼드대학교의 신학기는 가을에 시작했다. 이번에도 당장의 생활비가 급했던 로저스는 옥스퍼드 근처에서 급하게 일자리를 찾았다. 다행히 예일대학교 졸업생은 인기가 많았다. 수많은 기업이 대학 캠퍼스에서 입사 설명회를 개최했고 구직 면접도 실시했다. 미국에서 오래된 투자 회사로 손꼽히는 도미닉앤드도미닉Dominick & Dominick Inc. 에서 로저스에게 일할 기회를 주었다. 원래 담당자는 전일

제 직원을 원했지만 로저스는 곧 대학에 들어가야 했으므로 여름 단기 아르바이트로 일하게 되었다. "어떤 이유인지 모르겠지만 나의 입사 면접을 담당했던 조 캐시오티Joe Caciotti는 내가 도미닉앤드도미닉에서 일할 수 있도록 물심양면으로 애써주었다. 결국 캐시오티의 요청을 못 이긴 회사 측에서 나에게만 특별히 예외를 허용했다. 1964년 여름, 나는 월스트리트에서 일하기 시작했다. 물론 여름 몇 달간만 일할 계획이었고, 내 앞에는 여전히 옥스퍼드에서의 가슴 뛰는 대학 생활이 기다리고 있었다. 하지만 그해 가을에 단기 아르바이트를 마치고 다시 옥스퍼드의 자취방으로 떠날 무렵, 나는 내가 앞으로 어떤 일을 하며 여생을 보내게 될지 정확하게 알고 있었다."[28]

옥스퍼드에서 짐 로저스는 평소 그토록 배우고 싶었던 철학, 정치학, 경제학을 원 없이 공부했다. 하지만 청년 로저스의 마음 한편에는 끝내 해소되지 않는 갈증이 조금씩 세를 키워갔다. 그는 세상의 모든 천재가 가장 오고 싶어 하는 곳에서 형언할 수 없는 결핍을 느꼈다. 당시 그가 남긴 기록들을 살펴보면, '무언가 맞지 않다'는 표현이 더 정확할 것 같다. 벨리올칼리지는 영국에서 공직이나 학계 진출을 목표로 하는 수많은 수재들을 양성하기 위한 일종의 엘리트 교육 기관이었다. 로저스에게 경제학을 강의했던 윌프레드 베커먼Wilfred Beckerman 교수가 확실하게 밝혔듯이, 그곳에서는 금융이나 투자와 같은 주제는 철저히 무시됐다.

> "우리 학교에는 자네와 같은 진로를 목표로 하는 학생은 없네. 자네에게 무엇부터 가르쳐야 할지 우리도 고민이야. 이곳에서는 대다수가 주식 시장에 관심조차 없거든. 우리에게 시티 오브 런던City of London(영국의 금융 중심지-옮긴이)은 중요한 관심사가 아니야. 여기는 영국 경제는 말할 것도 없고 세계 경제와 큰 관련이 없다네. 그 누구도 돈 따위에는 관심을 갖지 않아."[29]

1965년 여름, 긴 여름 학기를 보내고 로저스는 도미닉앤드 도미닉에서 다시 일하기 위해 미국으로 돌아왔다. 이곳에서 그는 OTCOver the Counter, 즉 장외 거래 경험을 쌓을 수 있었다. 하지만 본격적으로 위대한 투자가로서의 커리어를 시작하기까지는 아직 시간이 한참 더 필요했다.

옥스퍼드에 있는 동안 로저스는 자신이 가장 좋아하는 취미인 여행을 마음껏 즐길 수 있었다. 예일대학교 시절과 달리 옥스퍼드에서는 크리스마스와 부활절 휴가를 6주나 누릴 수 있었다. 로저스는 이 시간을 유럽과 북아프리카 지역을 여행하는 데 알차게 활용했다. 그리고 옥스퍼드의 뭇 청년들이 그러하듯 여행 중 사랑에 빠지기도 했다. 로저스의 첫사랑은 로이스 비너Lois Biener라는 여인이었다. "로이스와 나는 세 번째로 함께 보낸 1966년 크리스마스 파티 때 이미 결혼한 상태였다. 그러나 그녀의 부모님은 내가 유대인이 아니라는 이유로 탐탁지 않게 여겼다."[30]

예일대학교 시절처럼 옥스퍼드에서도 로저스는 조정부 활동에 남다른 애정을 보였다. 이곳에서도 그는 키잡이를 맡았다. 옥스퍼드에 입학한 첫해에 영국 대학가에서 가장 유명한 조정 경기인 '보트레이스The Boat Race'에 출전할 기회를 얻었지만 학년이 낮다는 이유로 예선전에만 나갈 수 있었다. 그는 케임브리지의 예비 보트와 예선전을 치르는 옥스퍼드의 예비 보트에 탑승해 경기를 치렀다. 1년 뒤 1966년 로저스는 옥스퍼드 최고의 보트인 이른바 '블루보트Blue

Boat'에 올랐다. 로저스는 지금도 이날을 생생하게 기억한다. 1966년 3월 26일 템스강에서 그가 키잡이로 경기를 이끈 그 배가 케임브리지대학 조정부에 압승을 거뒀기 때문이다. "그해에 우리는 보트 길이의 4분의 3만큼이나 거리를 앞서며 케임브리지를 완전히 눌렀다."[31]

탁월한 운동선수, 짐 로저스

8인조 조정 경기에서 타수의 역할이 가장 중요하다는 것에는 논쟁의 여지가 있을 수 있다. 하지만 경기 보트의 포지션에서 로저스를 타수로 정한 것은 탁월한 선택이었다. 타수와 선원은 될 수 있으면 키가 작고 몸이 가벼워야 한다. 로저스는 이 두 조건을 모두 갖추고 있었다. 그의 키는 겨우 166센티미터였고 보트 레이스에서 우승했을 때 체중은 57킬로그램에 불과했다.[32]

짐 로저스는 이 경기에서만 승리를 거머쥔 것이 아니었다. "동기들과 나는 1965년이나 지금이나 세계에서 두 번째로 중요한 보트레이스인 템스컵Thames Cup에 출전하기로 했다. 나는 이런 대단한 경기에 출전할 수 있다는 사실만으로도 기대감에 부풀었다. 마침내 우리 팀이 이 경기에서 이기고 금메달을 눈앞에 두었을 때, 그리고 세계 신기록을 달성했을 때의 기쁨은 말로 표현할 수 없었다. 이것이 내 생애 최초의 기네스북 기록이었다."[33]

로저스는 세계 일주로 또 한 번 기네스북에 올랐다. 이 여행에서도 그는 탁월한 운동 실력을 인정받았다. 1990년부터 1992년까지 당시 아내였던 태비사 에스타브루크Tabitha Estabrook와 BMW에서 제작한 1000cc 모델 오토바이를 타고 세계 일주에 성공한 것이다. 두 사람은 약 2년 동안 10만 킬로미터가 훨씬 넘는 거리를 오토바이로 완주했다.[34] 그리고 1999년부터 2001년까지 그는 나중에 아내가 된 페이지 파커Paige Parker와 개조한 메르세데스 카브리오를 타고 또 다시 세계를 일주했다. 두 사람은 총 116개국에 걸 24만 5000킬로미터를 여행했다.

이 정도로도 로저스의 운동 실력을 확신할 수 없다면 또 다른 일화가 있다. 그는 장거리 육상 선수로도 활동했다. 무런 56세의 나이에 어느 유명한 마라톤 대회에 출전했는데, 물론 이것이 첫 출전은 아니었다. "1988년 가을이었을 것이다. 나는 태어나서 세 번째로 뉴욕 시티 마라톤New York City Marathon 경기에 도전했다."[35]

나는 가던 길에서 더 많이 벗어날수록

언제나 더 큰 행운을 맞이했다.

사령관의 돈을 불려준
초급 장교

———— 1966~1968 ————

"옥스퍼드에서 돌아온 나는 단기간 군 복무를 했다. 당시 우연한 기회로 사령관의 주식 투자를 옆에서 도울 일이 있었는데, 어쩌다 보니 엄청난 수익을 올려주면서 주목을 받게 되었다. 이때만 해도 나는 주식 투자가 내 삶을 송두리째 바꾸게 되리라곤 상상도 못했다."[36] 로저스는 두 번째 학사 학위를 받고 미국으로 돌아오자마자 징집됐다. 당시 미국에는 병역 의무가 없었지만 짐 로저스는 무려 2년 동안 군 생활을 해야 했다. "1966년 머렝고카운티에서 징집을 피할 수 있는 사람은 없었다. 징집 사무소에는 여직원만한 명 있었다. 그녀의 두 아들도 징집됐는데, 본격적인 전쟁이 시작되기도 전에 전사했다. 나는 베트남 전쟁에 철저히 반대했다. 두 아들이 징집되어 전사하기 전까지만 해도 그녀 역시 전쟁을 반대했다. 하지만 두 아들이 죽자 그녀는 열렬한 전쟁 옹호론자가 되었다. 나는 참을 수 없는 비통함을 느꼈다."[37]

짐 로저스는 베트남 전쟁에 파병되지는 않았다. 기초 훈련을 받고 1967년 버지니아의 포트리 사관학교에 배치됐다. 이후 사관학교를 1등으로 졸업하면서 자신의 주둔지를 직접 선택할 수 있었다. 당시 아내인 로이스가 뉴욕에 있는 컬럼비아대학교에서 박사 과정을 밟고 있었기 때문에 로저스는 아내와 가까운 곳에서 근무하길 원했고, 뉴욕 브루클린의 군사 기지 포트해밀턴을 주둔지로 선택했다. 이곳에서 그는 장교 클럽을 관리하면서 사령관들을 위해 주식투자를 했다. "그때는 마침 1968년이었다. 세 살짜리 어린아이가 투자를 했어도 엄청난 수익률을 올렸을 것이다. 주가는 급등했다. 소식을 들은 내 담당 사령관이 주식 투자를 도와달라고 부탁했고 나는 그 제안에 동의했다. 1968년 8월 군을 떠날 때 나는 사령관으로부터 내 투자금과 수익금을 현금으로 돌려받았다. 당시로서는 상상조차 할 수 없을 정도로 엄청난 거액이었다."[38]

투자계의 인디애나 존스

짐 로저스는 월스트리트의 투자자들과는 전혀 다른 스타일의 인물이다. 투자는 물론이고 사생활에서도 마찬가지였다. 그는 일찍부터 넓은 범위에 걸쳐 투자했고, 공매도short(특정 종목의 주가가 하락할 것으로 예상될 때 해당 주식을 빌려서 매도하는 것-옮긴이)도 꺼리지 않았다. "우리는 주식, 상품, 통화, 채권을 가리지 않고 전 세계를 두루 살피며 매수하고 공매도했다. 다른 사람들이 손대지 않는 분야에 투자했고, 전 세계를 탐색하며 알려지지 않은 시장을 찾아냈다."[39] 특히 로저스는 역발상 투자에 능했는데, 의도적으로 '대세에 역행하는' 투자를 했다. "무리의 움직임에 동참하지 않음으로써 내 투자는 대부분 최고의 성과를 올렸다."[40]

사생활에서도 그는 튀는 행동을 많이 했다. 그는 보통의 넥타이 대신 나비넥타이를 착용했고 남는 시간에는 바이크룩을 즐겼다. 군 복무 중에도 그는 워싱턴 시위 행렬에 참여했고 1969년에는 우드스톡페스티벌(Woodstock Festival, 1969년 8월 15일부터 뉴욕주에서 사흘간 개최된 록 페스티벌. 1960년대 지배 문화에 저항하는 하위 문화인 카운터 컬처와 반전 운동을 상징하는 20세기의 가장 큰 문화적 사건으로 기록됐다-옮긴이)을 방문했다. 이곳에서 로저스는 감시를 피하기 위해 보안 요원의 재킷을 '빌려' 입고 무대에 올랐다.

1980년대에 시사 주간지 《타임Time》에서 그를 '금융계의 인디애나 존스'라고 칭한 것도 놀랄 일은 아니다. 로저스가 자신의 책에 이를 인용한 것으로 보아 그도 이 타이틀을 좋아한 듯하다. "속보! 투자계의 인디애나 존스는 빠른 상황 판단력으로 또 한 번의 거래를 성사시켰다."[41]

나는 일하는 모든 순간을 사랑했다.

나는 온종일 일했고, 이 분야를 빠삭하게 꿰뚫고 있었다.

가끔은 주말도 없이 일하기도 했다.[42]

돈 버는 데 혈안이 된
펀드매니저

—— 1968~1970 ——

1968년 가을 군 복무를 마친 로저스는 월스트리트로 복귀해 바슈앤드컴퍼니Bache & Company, 딕길더Dick Gilder, (로이)뉴버거앤드버먼(roy)Neuberger & Berman에서 일했다.[43] 이 짧은 기간 동안 그는 많은 것을 배웠지만 새로운 환경에 적응하는 것이 쉽지는 않았다. 예일대학교나 옥스퍼드대학교와 달리, 월스트리트는 로저스의 성장을 차분히 기다려주지 않았다. "하루하루가 새로운 도전과 배움의 연속이었지만, 뉴욕에서 나는 마른땅에 있는 물고기처럼 괴로웠다. '딕'에서는 온종일 성장률에 대해 배웠고, '로이'에서는 주식 시세 변화를 분 단위로 지켜봤다. 하지만 나는 투자자이지 주식 거래인이 아니었다. 주식을 헐값에 사들여 되파는 일은 내게 지독히도 고통스러운 업무였다."[44] 1970년에 로저스는 '아널드앤드S. 블리히뢰더Arnhold and S. Bleichröder'라는 증권사로 자리를 옮겼다. "그곳은 독일계 유대인이 운영하는 최고 등급의 투자 회사였다. 참고로 이 회사의 오너인 게르손 블리히뢰더Gerson Bleichröder는 과거 프로이센의 철혈 수상 비스마르크를 지지하던 은행가였다."[45]

로저스는 증권사에서 일하며 자연스럽게 개인 투자에도 손을 댔다. 하지만 손대는 종목마다 수익과는 족족 빗나갔다. "처음 투자계에 입문했을 때 나는 실수를 했다. 내가 직접 조사한 후 결정해야 할 몇몇 중대한 사안을 동료들에게 맡기고 그들의 말을 따른 것이다. (…) 이런 투자는 매번 잘못됐다."[46] 1970년 로저스는 공매도에 잘못 손을 댔다가 모든 재산을 날렸다. "나는 빈털터리나 다름없었다. 월스트리트에서 나는 공매도가 얼마나 위험한지를 알려준 푸른 눈의 청년이었다."[47] 다행히 그는 자신의 실수를 깨끗하게 인정했고 두 번 다시 같은 실수를 범하지 않았다. "가진 재산을 몽땅 날리는 것은 소중한 경험이다. 이를 통해 자신이 얼마나 아는 게 없는지 알 수 있기 때문이다. 혹시 당신도 재기가 불가능할 정도의 파산을 겪었다면 안심하기 바란다. 이는 당신이 장기적으로 성공할 확률이 크게 상승했다는 뜻으로 해석할 수 있다."[48] 그는 투자 실패를 딛고 일어난 뒤 본업에 더욱 매진했다.

> "짐 로저스는 탁월한 분석가였고 정말 부지런했다. 그는 늘 6명 이상 몫의 일을 했다"[49]

하지만 이런 긍정적인 상황에도 불구하고 그의 현실은 녹록하지 않았다. "로이스는 내가 성공과 일에 몰두하는 것을 좋아하지 않았다. 내가 사무실에서 15시간을 보내는 동안, 그녀는 컬럼비아대학교에서 월스트리트의 물질 숭배에 반대하는 학생 시위에 참여했다. 그녀는 돈 버는 데 미쳐서 정신없이 뛰어다니는 야망 큰 남자를 이해하지 못했다. 1969년 내가 블리히뢰더에 입사했을 때 결국 우리는 이혼했다. 로이스는 나의 첫 아내였다."[50]

최고의 투자는

누군가의 인생을 바꾸는 것이다.

37살에 투자 시장에서
은퇴하다

로이스와의 이혼에도 불구하고 짐 로저스는 멈추지 않았다. 1968년부터 1970년까지 2년여간 미친 황소처럼 일에 몰두한 로저스는 결국 자신이 설립한 펀드로 1970년부터 1980년까지 4200퍼센트라는 경이로운 수익률을 거두었다. 불과 30대 후반에 이룩한 거대한 성공이었다. 대체 그에게 어떤 일이 벌어졌던 걸까?

1970년 가을, 블리히뢰더에 입사한 로저스는 직장 생활에서 다시 상승 궤도에 올랐다. 이곳에서 그는 조지 소로스라는 거물을 알게 됐다. 소로스는 블리히뢰더의 부회장이었다. "블리히뢰더에서 우리는 국내외 시장의 막대한 기회를 활용하는 더블 이글 헤지펀드Double Eagle Hedge Fund를 운용했다."[51] 하지만 이 펀드는 그가 블리히뢰더에서 일을 시작한 후 단기간 운용되다가 수익률이 저조하다는 이유로 곧 청산됐다. "회사에서 펀드를 운용하는 것과 밖으로 나가서 펀드를 운용하는 것 중 무엇이 더 멋진 일일까? 오랜 고민 끝에 나는 독립을 택했다. 수많은 리스크와 뒤엉켜 일할 수밖에 없는 펀드매니저에게 회사라는 조직은 껍데기에 불과하다. 투자자라면 남의 자산이 아니라 자신의 확신과 감으로 돈을 벌어야 한다. 마침 새로운 규제가 생겨나 기존의 펀드 운용이 제한되면서 소로스와 나는 펀드의 운용 방식을 수정하지 않을 수 없었다. 우리는 아예 회사를 분리해 독립하기로 결정했다. 이제 블리히뢰더는 우리의 고용주가 아니라 우리의 가장 중요한 중개인 중 하나가 되었다."[52]

상황에 떠밀려 한 창업이었지만 모든 시대를 통틀어 전설이라 불리는 헤지펀드가 탄생한 순간이었다. 이후 짐 로저스와 조지 소로스는 주식계의 전설이 되었다. 소로스와 로 저스는 센트럴파크 인근의 콜럼버스서클에 작은 사무실을 임대해 '소로스 펀드Soros Fund'를 설립했다. 소로스 펀드는 나중에 '퀀텀 펀드'로 개칭됐다. 로저스는 퀀텀 펀드를 세금 문제 때문에 뉴욕증권거래소가 아닌 네덜란드령 앤틸리스제도에 등록했다. 소로스가 펀드를 운용하고, 로저스가 분석을 담당하고, 비서가 서류 업무를 맡았다.

회사로부터의 독립은 투자가로서의 로저스의 인생을 어떻게 바꿔놓았을까? 퀀텀 펀드는 1970년 1200만 달러로 출발했는데, 불과 10년 만에 펀드 운용액이 2억 5000만 달러로 증가했다. 운용액만 따졌을 때 20배가 넘게 증가한 것이다. 직원 수도 3명에서 13명으로 늘어났다. 하지만 로저스의 전성기는 이제부터였다.

"조지 소로스와 퀀텀 펀드를 설립한 지 10년 만에 내 길을 걸어야 할 시기를 맞이했다."[53] "15년도 채 안 되어 나는 은퇴해도 될 만큼 충분한 부를 쌓았다."[54] 1980년 5월 로저스는 불과 서른일곱 살의 나이에 퀀텀 펀드에서 하차했다. "당시 로저스가 보유하고 있던 지분은 퀀텀 펀드 전체의 20퍼센트에 해당하는 1400만 달러였다."[55] 그리고 그는 일선에서 은퇴했다. 이에 대해 로저스는 청년 시절부터 서른다섯 살에 은퇴할 계획이었다고 밝혔다.

물론 그가 1980년에 퀀텀 펀드에서 하차하게 된 내막은 그리 단순하지 않았다. 1979년 동업자 소로스가 컴퓨터사이언시스코퍼레이션Computer Sciences Corporation이라는 신생 벤처 기업의 주가를 조작했다는 혐의로 미국 증권거래위원회(SEC)의 조사를 받았다. 이 조사가 처벌로 이어지지는 않았지만, 소로스는 물론이고 퀀텀 펀드와 로저스의 명예에도 심각한 흠집이 생겼다. 소로스는 로저스에게 자신이 주가를 조작했다는 사실을 인정했다. 이 일로 두 사람의 신뢰 관계는 완전히 깨졌다.

"당시 일어난 일들은 내 마음에 들지 않았다. (…) 일은 점점 복잡해졌고 그 과정에서 나는 인격적으로 조금씩 마모되는 것 같은 불편한 감정을 느꼈다. '이렇게까지 일할 필요가 있을까?' 소로스가 새로 뽑은 직원들도 마음에 들지 않았다. 나는 단지 불필요하고 소모적인 리스크를 더 이상 감수하고 싶지 않았다. (…) 단 한 번의 격렬한 감정으로 이런 결정을 내린 것이 아니다. 나는 이런 것들에 대해 수차례 문제 제기를 했고 화해를 시도했지만 의미가 없었다. 나는 회사라는 거대하고 비효율적인 조직으로부터 독립해 보다 자유롭고 과감하게 오로지 투자에만 나의 모든 역량을 투입하고 싶었다. 하지만 이곳에서조차 비합리적인 의사결정 절차와 감정 소모는 사라지지 않았다. 어쨌든 나는 소로스보다 권한이 적은 동업자에 불과했으니까 말이다. 내가 택할 수 있는 대안은 하나뿐이었다. '좋아, 여기까지만 하자. 원래 계획대로 은퇴하고 다른 인생을 살아보자!' 지금도 나는 이 결정에 아무런 미련도, 후회도 없다."[56]

전설의 퀀텀 펀드에는 특별한 것이 있다

"퀀텀 펀드는 외국인 투자자들을 위해 고심해서 만든 역외 헤지 펀드로, 이자균등세Interest Equalization Tax(IET, 투기적 자본의 유출입을 막기 위해 국내외 금리차를 세금으로 징수하는 제도였다. 1963년에 시행되어 1974년에 폐지됐다-옮긴이)가 부과되지 않았다. 이 펀드가 뉴욕증권거래소가 아닌 네덜란드령의 앤틸리스제도에 등록된 이유도 바로 이 때문이다."[57]

퀀텀 펀드는 여러 측면에서 특별했고 시대를 앞섰다. 이 펀드는 애초부터 헤지펀드로 설계됐기에 일반 투자 펀드와 달리 공매도를 통한 투자가 가능했다(참고로 영어 'hedge'는 '위험 분산'이라는 뜻이다). 이런 유형의 펀드가 지닌 또 다른 장점은 펀드 운용사의 재량으로 수수료를 결정할 수 있다는 것이다. 심지어 다른 펀드만큼 수수료에 대한 법적 규제도 심하지 않았다.

특히 퀀텀 펀드는 탈세 천국인 앤틸리스제도에 등록되어 있기 때문에 세금 방어에도 매우 유리했다. 바로 이 점이 투자자들에게 더없이 매력적이었다. 고객 입장에서는 세금도 거의 떼지 않는 데다가 수익률까지 높아서 좋았고, 운용사 입장에서는 수수료를 충분히 매길 수 있어서 좋았다. 로저스의 펀드는 투자자들 사이에서 금세 입소문을 타고 인기를 끌었다.

또 다른 장점은 고도로 분산화된 투자로 자금을 운용한다는 것이다. 퀀텀 펀드를 설립한 로저스와 소로스는 1970년대에 가장 인기가 많았던 채권뿐만 아니라 주식, 원자재, 통화도 매수했다.

"퀀텀 펀드는 더 부자가 되기 위해서라면 엄청난 리스크도 감수할 각오가 되어 있는 부유층들을 대상으로 한, 철저히 비밀리에 투자 협력 관계를 맺는 헤지펀드였다."[58] "퀀텀 펀드에 가입하려면 최소한 100만 달러를 투자해야 했다."[59]

당시 로저스는 톱다운 분석 방식으로 투자 종목을 찾아냈다. 쉽게 말해 한 업계의 경제 동향을 분석한 뒤, 그 결과가 긍정적일 때만 해당 분야의 기업·원자재·통화를 살펴보고 투자에 나섰다.

위에서 아래로, 거시 경제 분야에서 미시 경제 분야로 타고 내려오는 전략이 바로 톱다운 분석 방식의 투자다.

"우리가 관심을 갖는 것은 한 기업의 다음 분기 매출이나 특정 연도의 알루미늄 수출량이 아니다. 그보다는 지금의 사회적, 경제적, 정치적 요인이 향후 특정 산업 분야 또는 그룹별 주식의 운명에 끼칠 영향에 관심을 가졌다. 우리는 톱다운 분석 방식으로 분석하고 공부한 주식 종목의 예상가가 실제 시세와 크게 차이가 날 때에만 해당 종목의 매수 계획을 수립했다. 왜냐하면 바로 그 '괴리'에 돈을 벌 수 있는 기회가 숨어 있었기 때문이다. 이 단순한 원리를 생각보다 많은 사람들이 모르고 있어서 나는 늘 깜짝 놀라곤 한다."[60]

이런 변형 펀드는 1970년대 초반에는 널리 보급되지 않았을 뿐더러 세계 시장을 겨냥하지도 않았다.

"1974년 전 세계에 헤지펀드는 손으로 꼽을 정도밖에 없었다. 어쨌든 헤지펀드는 많지 않았고. 대부분은 자기 분야의 비즈니스에만 초점이 맞춰져 있었다. 월스트리트에서 수익을 내는 것이 은행 예적금에 돈을 맡기는 것보다 지독히 어려운 시절이었기 때문이다. 펀드매니저가 자기 분야가 아닌 다른 분야에 이토록 거액의 투자를 유치한다는 것은 당시로서는 상상도 할 수 없는 일이었다. 그나마 있던 소수의 헤지펀드도 주로 미국에만 투자했다. 우리는 유일한 국제 헤지펀드였다. 그야말로 조금만 바쁘게 움직이면 거액을 움켜쥘 수 있는 최고의 시기였다."[61]

나는 다른 일에 도전하고 싶었고,

무엇보다 오토바이를 타고 전 세계를 일주하고 싶었다.[62]

전 세계를 누비며
자유롭게 살다

—— 1986~2000 ——

로저스가 은퇴를 선언하고 오토바이 일주를 실행에 옮기기까지 그리 오랜 시간이 걸리진 않았다. 여행을 좋아하는 그였지만 퀀텀 펀드를 운용하는 10년 동안 단 하루도 휴가를 가보지 못했다. 로저스는 1986년과 1988년에 각각 미국과 중국으로 오토바이 여행을 떠났다.

그는 중국 여행 직후인 1988년에는 당시 여자 친구였던 태비사 에스타브루크와 함께 파키스탄부터 인도에 걸쳐 무려 8000킬로미터를 오토바이로 달렸다. 태비사 에스타브루크는 로저스의 세 번째 연인이었다(1974년 아직 퀀텀 펀드의 주니어 파트너로 일하고 있을 때 로저스는 두 번째 연인이던 제니퍼 스콜니크Jennifer Skolnik와 재혼했었다. 하지만 그 결혼도 "일에 대한 지독한 애착"[63] 때문에 오래가지 못했다. 1977년 로저스는 또다시 이혼했다).

1990년에 로저스는 '오토바이를 타고 세계 일주를 하고야 말겠다'는 꿈을 드디어 실행에 옮겼다. 하지만 소련으로부터 통행 허가증을 받기 위해 오랫동안 애써야 했다. 공식 발급 기관에서 여러 번 거절당한 후 그토록 원하던 비자를 받았을 때 로저스는 아이처럼 기뻐했다. 당시 뉴욕 주재 소련 외국인 관광국의 직원이 그에게 귀띔을 해준 덕분이었다. 로저스는 그 직원에게 받은 주소로 편지를 썼고, 몇 달 후 드디어 통행 허가증을 받았다. 소련의 국영 스포츠 에이전시 소브인터스포트Sovintersport에서 '장거리 모토 사이클링 투어' 목적으로 그에게 비자를 발급해준 것이다.[64] "태비사와 나는 1990년 3월 말에 아일랜드에서 출발해 유럽을 지나 중앙아시아로 갔다가, 그곳에서 중국을 거쳐 동부 지역에 도착했다. (…) 우리는 총 22개월 동안 약 16만 킬로미터를 달렸고, 이 기록은 기네스북에 올랐다. 우리는 5대륙에 걸쳐 50개국 이상을 방문했다."[65]

1999년부터 2002년까지 로저스는 새 여자 친구인 페이지 파커와 두 번째 세계 일주를 했다. 이번에는 샛노란 색의 개조한 메르세데스 카브리오로 여행을 떠났다. 출발지는 아이슬란드였다. "이 여행에서 나는 116개국을 방문했는데, 그중에는 사람들이 거의 방문하지 않는 나라도 많았다. (…) 총 주행거리는 24만 5000킬로미터였고, 이 거리는 첫 번째 세계 일주 때보다 거의 8만 킬로미터나 긴 거리였다. 이로써 나는 또 한 번 기네스북에 올랐다."[66]

두 번째 세계 일주의 절정은 2000년 1월 1일 영국의 운하 도시 헨리온템스Henley-on-Thames였다. 새 천년이 시작되는 새해 첫날, 이곳에서 로저스와 페이지는 결혼했다. 그로부터 반년 후 이들이 뉴질랜드에 있을 때 로저스의 아버지가 암으로 세상을 떠났다.

여기까지만 보면 자의식이 넘쳐흐르는 은퇴한 갑부가 호

화스러운 여행을 요란스럽게 즐긴 이야기로 들릴지도 모르겠다. 하지만 다음 구절에서 확인할 수 있듯이 그는 여행을 즐기면서 틈틈이 각 여행지를 투자자의 안경을 쓰고 세심히 관찰했다. "두 번째 세계 일주 여행에서 돌아왔을 때 나는 개설한 계좌만큼이나 해지해야 할 계좌가 훨씬 더 많다는 사실을 깨달았다. 오히려 더 많은 계좌를 개설하고 단 하나의 계좌도 해지하지 않았던 첫 번째 세계 일주 여행과는 완전히 달랐다."[67] 로저스는 두 번째 세계 일주 여행에서 무엇을 목격하고 깨달았을까? 무엇이 그로 하여금 많은 계좌를 해지하게 하고 세계 투자 시장을 비관적으로 바라보게 만들었을까?

예언가이자 독설가였던 짐 로저스

'투자계의 인디애나 존스' 짐 로저스는 저서, 신문 기사, 인터뷰에서 자신의 생각을 거침없이 이야기하는 것으로 유명하다.

"나는 시장에 대해 비대중적인 주장을 하는 데 익숙하다. 낙관적인 태도를 취하며 고객들에게 낙관주의를 판매하는 데에만 관심이 있는 주식 거래인과 분석가들을 의심하고 분노하게 하는 것이 습관이 된 사람이다. 그러니 제발 내게서 좋은 말을 기대하지 마라."[68]

그가 발표한 수많은 부정적 예측이 실제로 현실이 됐다. 2007년 미국의 부동산 거품이 꺼지고 전 세계에 불어닥친 금융위기가 대표적이다. 물론 틀린 예측도 있다.

자칭 자본주의자인 로저스는 공공기관이나 정치인들을 좋게 평가하지 않았다.

"정치인과 관료들이 무능력하다는 사실은 누구나 다 아는 상식이 되었다."[69]

그는 자신의 저서에서 UN과 미국 정부를 포함해, 미국 연방준비제도이사회(FRB), 모든 나라의 사법부, 국제통화기금(IMF), 국제부흥개발은행(IBRD)의 고압적이고 오만한 관료들의 행태를 구체적으로 묘사했다. 이상적이고 무능력하며 아무런 생각이 없는 NGO 관료들 역시 그의 비판 대상이었다.

다음은 아주 경멸적인 어조로 정치인과 관료들을 비판했던 로저스의 어록이다.

"현재 학자들은 특히 유전학 분야에서 엄청난 학문적 성과를 이룩하고 있다. 언젠가 학자들은 모든 관료가 공통적으로 가지고 있는 유전자를 찾게 될 것이다. 즉, 결함이 있는 유전자를 말이다."[70]

"나라를 멍청이로 만들어놓은 워싱턴의 정치인들은 무능력이라는 듣기 싫은 악기로 구성된 거대한 오케스트라를 연주하고 있다."[71]

"매달 미국 정부는 전 세계와 비교해 미국의 생산성이 꾸준히 증가하고 있다는 사실을 보여주기 위해 잘 다듬은 수치들을 발표한다. 하지만 실제 수치를 분석해보면, 경쟁력이 떨어지고 해외 수입이 점점 증가하고 있다."[72]

"미국 역사상 세 군데의 중앙은행이 있었다. 두 곳은 이미 사라졌다. 마지막 세 번째도 곧 사라질 것이다."[73]

"소송은 미국에서 미래가 가장 유망한 분야다. 결코 망할 일은 없을 것이다."[74]

"나는 전부터 IMF뿐만 아니라 IBRD도 없어져야 한다고 말했다. 두 기관은 그 어떤 견제도 받지 않고 독자적으로 활동하고 있으며 점점 비대해지고 있는 관료주의 단체다. 존재의 이유가 없는 두 기관은 제2차 세계대전 이후에 설립됐지만 원래의 설립 취지에서 멀어진 지 오래다."[75]

"우리는 수많은 UN 관료가 에어컨이 빵빵하게 나오는 사륜구동 차량을 몰고 다니는 모습을 봐왔다. (…) 관료주의의 실패작들은 곳곳에 널려 있고, 아프리카 지역에는 수십 년 전부터 이런 실패작들이 숱하게 존재해왔다. 이들은 겉으로는 평화 유지와 협력을 표방하지만, 역설적으로 지역 갈등과 분쟁 덕분에 제 구실을 하며 먹고살 수 있다. 따라서 그들은 분쟁을 끝내기는커녕 더 이간질시키고 유혈사태를 유지시키는 국제 기생충들이다."[76]

"코트디부아르의 경제 중심 도시인 아비장에서 카카오를 생산하여 부자가 된 사람들은 모두 비정부기관 관료들이다. 이곳에서 이들은 엄청난 부를 누린다."[77]

"개발도상국을 오염시키는 주범은 원주민이 아니라 그들을 돕겠다는 명분으로 찾아와 사무실을 차리고 농장을 건설하고 수영장을 설치하는 NGO 관료들이다."[78]

"나는 IMF와 IBRD가 없어져야 한다는 내용의 글을 쓴 적이 있다."[79]

"이 세계에서 공무원이라고 불리는 사람들에 대해 나는 매우 큰 회의감을 느끼고 있다."[80]

"당신이나 내가 미국 정부처럼 회계 처리를 한다면, 몇 달 뒤쯤 아마 우리는 감옥에 가게 될 것이다."[81]

"벤 버냉키 FRB 의장은 돈 찍어내는 것밖에 할 줄 아는 게 없다. 한마디로 정의하자면 그는 '재앙덩어리'다."

"미국 전체가 망하는 것보다는 AIG가 망하고 우리가 혹독한

2~3년을 보내는 게 차라리 더 낫다."

한국은 말도 안되는 규제를 갖고 있다. 한국 주식 시장에 투자하는 것은 악몽과도 같다.

똑똑한 사람은 많다.

재능이 넘치는 사람도 많다.

하지만 성공하는 사람은 드물다.

그 차이를 만드는 것은 끈기다.[82]

강연료 대신
스포츠센터 이용권을 받다

— 1988~2009 —

로저스는 지독한 일 중독자였다. 퀀텀 펀드를 그만두고 자유를 얻게 된 로저스는 그동안 애써 외면해온 것들을 하나둘 세상에 꺼내기 시작했다. 어느 날 파티에 참석했다가 컬럼비아 경영대학원의 초빙 교수직을 제의받은 그는 얼마간 고민한 뒤 컬럼비아대학교 총장에게 전화를 걸어 교수직을 수락하겠다고 했다. "전화를 걸어 단도직입적으로 이렇게 말했다. '저도 총장님께 제안할 것이 있습니다. 한 학기 동안 강의료를 받지 않고 수업하겠습니다. 그 대신 제가 스포츠 센터를 평생 이용할 수 있도록 해주십시오.' 얼마 후 컬럼비아대학교 총장으로부터 전화가 왔고, 놀랍게도 그는 내 제안을 받아들이겠다고 했다."[83]

짐 로저스는 주로 고학년을 대상으로 투자 실무와 관련된 강의를 했다. 첫 시간에 그는 학생들에게 수업 내용을 이렇게 설명했다. "나는 여러분이 내 직원이라고 생각하고 강의를 진행할 것입니다. 나는 펀드 회사의 리서치 및 투자 부서의 책임자이고, 여러분은 분석가들입니다. 투자 회사의 책임자로서 저는 여러분에게 분석할 기업을 제시하고 그 기업들을 어떻게 분석하는지 알려줄 것입니다."[84] 이런 실무 위주의 수업 계획은 학생들은 물론이고 이 강의를 신청했던 워런 버핏[85]에게도 아주 반응이 좋았다. 나중에 버핏은 로저스의 강의가 정말 놀라웠다고 평가했다. 당시 버핏은 잠시 투자 활동을 쉬며 자신의 모교인 컬럼비아대학교에서 휴양을 하며 머리를 식히고 있었다.

짐 로저스는 이곳에서 투자가가 아닌 교육자로서의 새로운 커리어를 완벽하게 구축했다. 참고로 컬럼비아대학교는 1940~1950년대 증권 분석이라는 학문을 최초로 집대성한 벤저민 그레이엄Benjamin Graham과 데이비드 도드David Dodd[86]의 모교이기도 하다. 말하자면 로저스는 그레이엄과 도드의 뒤를 잇게 된 것이었다.[87] 로저스는 지금까지도 인생에서 가장 영광스러운 순간이었다고 당시를 회고한다. 학기가 끝난 후 강의 평가에서 로저스는 매우 좋은 점수를 받았다. "나는 정말 환상적인 평가를 받았다. 누구에게서도 그런 좋은 말을 들어본 적이 없었다. 나는 학생들에게 정말 열심히 일해야 한다고 가르쳤고, 학생들은 내 뜻을 잘 이해해줬다."[88] 수업을 들은 한 학부생은 이런 평가를 남겼다.

> 내가 들어본 강의 중 최고였다. (…) 무슨 짓을 해서라도 이 강의가 다시 개설되게 해야 한다.

로저스는 당연히 다음 학기에도 강의를 계속했다. 1988년 말 로저스는 컬럼비아 경영대학원 학장으로부터 정식으로 정교수 자리를 제의받았고, 그는 이 제의를 수락했다. 하지만 그는 딱 1년밖에 정교수로 강의를 할 수 없었다. 1990년 초부터 '오토바이를 타는 투자자Investment Biker'가 되어 첫 번째 세계 일주를 시작했기 때문이다.

컬럼비아대학교에서 강의를 하며 새 인생을 시작한 짐 로저스는 자신의 활동 무대를 더 넓혀 각종 텔레비전 프로그램에 초대 손님으로 출연하고 경제 전문 채널을 직접 진행하며 인지도를 쌓았다. 미국의 금융 및 비즈니스 전문 채널 FNN에서는 평일 저녁 「짐 로저스와 함께하는 이윤 동기The Profit Motive with Jim Rogers」라는 프로그램을 진행했다. 라디오 뉴스 방송국인 WCBS에서는 「드레퓌스 라운드테이블Dreyfus Roundtable」이라는 프로그램을 진행했다. 몇 년 후 FNN이 케이블 방송사 CNBC에 매각된 후 그는 CNBC 쇼 프로그램인 「마이 포트폴리오My Portfolio」를 맡았다. "나는 1998년에 이미 많은 주식의 주가가 하락세로 돌아설 것을 알고 있었다. 당시 나는 매주 CNBC의 증권 전문 프로그램에 출연하고 있었고 원자재 투자에 대해서도 언급했다. 그리고 중국의 국민 경제가 빠른 속도로 성장하고 있으므로 원자재 수요가 치솟을 것이라는 예측을 내놓았다. 내가 이 말을 하던 당시에는 모든 사람이 나를 미친 사람 취급을 했다."[89] 그로부터 몇 년 후 로저스는 「폭스뉴스Fox News」, 「위스Worth」 등 미국을 상징하는 각종 텔레비전 프로그램에서 섭외 요청을 가장 많이 받는 게스트 중 1명이 되었다.

첫 번째 세계 일주를 마치고 로저스는 작가로서 집필 활동을 시작했다. 그리고 1995년에 1990~1992년의 오토바이 여행기를 책으로 출간한다. 「월가의 전설 세계를 가다」라는 타이틀로 출간된 이 책에서 그는 50개국 이상의 나라를 돌아다녔던 모험담을 투자자의 관점에서 생생하게 들려준다. 자동차를 타고 한 두 번째 세계 일주에 관한 기록은 2003년 「짐 로저스의 어드벤처 캐피털리스트」라는 제목의 책으로 출간됐다. 1년 후인 2004년에는 「상품시장에 투자하라」에서는 당시만 해도 일반 투자자들에게는 익숙하지 않았던 상품 투자법에 관한 자신의 경험담을 풀어놓았다. 2007년에는 중국의 어마어마한 시장 잠재력을 해설한 「불인 차이나」를 출간했고, 2009년에는 딸들을 위해 「백만장자 아빠가 딸에게 보내는 편지」를 출간했다. 로저스는 이후에도 각종 방송과 언론 인터뷰에 출연하며 말과 글을 통해 투자와 시장에 대한 자신의 생각을 적극적으로 쏟아내고 있다.

다른 사람의 말은 듣지 마라.

지금 이 말을 하는 내 말도 듣지 마라.

오직 너 자신의 목소리에 귀를 기울여라.

로저스와 딸들

2003~2018

현재 로저스는 그 누구보다 행복한 나날을 보내고 있다. 2003년에는 ('해피'라고 불리는) 첫째 딸 힐튼 오거스타 파커 로저스Hilton Augusta Parker Rogers가 태어났고, 2008년에는 (베이비 비Baby Bee라고 불리는) 둘째 딸 빌랜드 앤더슨 파커 로저스Beeland Anderson Parker rogers가 태어났다. 딸들이 태어나면서 일 중독자이자 세계 일주 마니아였던 짐 로저스는 자신의 라이프스타일을 180도 바꿨다. "나는 평생을 살면서 항상 일과 성공을 최우선으로 생각했습니다. 하지만 지금 나에게 무엇보다 큰 기쁨을 주는 존재는 내 가족입니다."[90]

로저스는 뉴욕에 있던 1600만 달러짜리 호화 빌라를 팔고 2008년에 가족과 함께 싱가포르로 이주했다. 싱가포르로 이주한 이유는 분명했다. 전망이 가장 좋은 곳에서 딸들을 키우고 싶었기 때문이다.[91] "세계 최대의 채권국들은 아시아에 있다. 이곳에는 돈이 있다. 이곳에는 역동성과 에너지가 있다. 중국, 한국, 일본, 타이완, 싱가포르, 홍콩이 바로 그런 나라들이다. 이곳의 저축률과 투자율은 엄청나게 높다."[92] 특히 그는 딸들이 중국어(만다린어)를 배우는 것이 중요하다고 생각했다. "1807년에는 똑똑한 사람들이 런던으로 갔다. 1907년에는 뉴욕시티로 갔고, 2007년에는 아시아로 간다."[93]

그가 중국이 아닌 싱가포르를 선택한 이유는 무엇일까? 국민 대다수가 만다린어를 사용하는 데다가, 싱가포르는 상하이나 홍콩처럼 스모그 현상이 심하지 않기 때문이었다. 무엇보다 싱가포르는 부유하고 성공한 나라였다. "싱가포르는 정말 성공한 나라다. 이곳에는 부와 지식이 축적되어 있다. 내가 치명적인 실수를 저지르지 않는 한 내 평생 잃을 것이 없다. 둘째 딸 베이비 비가 살아갈 시대에 대한 전망은? 오랜 시간, 지금으로부터 100년 정도는 이 상태가 유지될 것이라고 나는 확신한다."[94]

2019년 4월, 그 누구보다 자유롭게 자신의 인생을 개척한 짐 로저스는 특별한 상을 받았다. 아시아의 또 다른 강소국 한국의 부산대학교에서 짐 로저스에게 명예 철학 박사 학위를 수여한 것이다.[95] 그의 도발적이고 색다른 투자 철학이 한국에서 높은 평가를 받았기 때문이다. 짐 로저스는 공식적인 자리에서 종종 통일 후 한국의 경제 발전 가능성에 대해 굉장히 큰 기대를 품고 있다고 밝혀왔다.[96]

로저스가 딸들에게 전한 비밀스러운 투자 수업

: 로저스 국제 상품 지수

로저스가 퀀텀 펀드와 결별한 이후에도 퀀텀 펀드의 투자자로 활동했다는 사실에 놀랄 필요는 없다. 외부 자본을 관리하는 대신 그는 자신의 재산을 퀀텀 펀드에 투자한 것뿐이기 때문이다. 1990년대 말 무렵부터 로저스는 상품 투자를 강화했다. 왜 이 시기에 그렇게 했는지에 대해 그는 딸들에게 이렇게 설명했다.

"너희가 주식의 역사를 살펴보면 주식과 상품의 상승기가 교대로 나타났다는 사실을 알 수 있을 거야. 역사적으로 그 주기는 대략 15년에서 23년이었지. 1999년부터 상품시장이 우세했고 당분간 나는 이 추세가 지속되리라고 예상한단다. 역사적 변동 추이를 모델로 판단하면 2014년과 2022년 사이에 고공행진이 끝날 것으로 예측할 수 있어."[97]

당시의 상품 지수, 이를테면 CRB 선물 지수CRB Futures Index나 다우존스 상품 가격 지수Dow Jones Commodity Index, 그리고 로이터-제프리 CRB 지수Reuters Jefferies CRB Index나 골드먼삭스 상품 지수S&P GSCI는 시대에 뒤떨어져 있었다. 게다가 시장의 평가마저 비객관적으로 불균형하게 이뤄졌으며 미국 시장에만 국한되어 있었다.

그래서 로저스는 아예 자체 지수인 로저스 국제 상품 지수Rogers International Commodity Index(RICI)를 개발했다.[98]

"사람들이 과열된 시장으로 몰려들고 다른 투자 기회를 찾을 수 없을 때 오히려 나는 최고의 성과를 올렸다. 1998년 주식시장 거품이 꺼졌을 때도 대부분의 투자자는 상품 시장에 전혀 관심을 두지 않았다. 그때 나는 직접 개발한 상품 지수를 도입했다."[99]

1년 후쯤 오래전부터 계획해왔던 두 번째 세계 일주를 떠날 때도 그는 상품 시장 투자를 완전히 포기하지 않고 '로저스 원자재 인덱스 펀드Rogers Raw Materials Index Fund'를 설립해 시장에 내놓았다.

"아프리카, 시베리아, 중국을 돌아다니는 동안 상품 시장의 동향을 관찰하는 것은 이론적으로 불가능했다. 그럼에도 나는 전 세계의 상품 시장이 새로운 상승기에 돌입하리라는 초기 조짐을 놓치지 않았다. 지금까지 이 사실은 소수의 투자자만이 간파하고 있었다. 그래서 나는 상품을 대상으로 하는 인덱스 펀드를 서둘러 설립하기로 결심했다. 그리고 내 예상은 정확히 들어맞았다."[100]

'로저스 원자재 인덱스펀드'는 이후 몇 년 동안 운용 실적이 상당히 좋았다. 그의 펀드 자산은 여러 거래인을 거치며 이전되었고, 시카고 상품거래소 최대 거래인 레프코(Refco)에까지 갔다. 그런데 2005년 10월 10일 레프코가 대사기극으로 파산하면서 3억 6200만 달러에 달하는 로저스의 펀드 자산이 꼼짝없이 묶이고 말았다. 이는 펀드 자산의 63퍼센트에 달하는 어마어마한 자금이었다. 그리고 소송 행렬이 이어졌다.

소송이 장기화되면서 짐 로저스는 '수십 년은 늙은 듯한' 고통을 맛봤다.

"정말 혹독한 경험이었다. 처음에는 자신감을 잃었고 마지막에는 완전히 탈진 상태였다. 당시 사진 속의 나는 수십 년은 더 늙어 보였다."[101]

2008년 레프코의 사장 필립 베네트Phillip Bennett가 징역 16년형을 선고받고 모든 소송이 기각됐다. 다행히 로저스는 이 사건에서 완전히 벗어났고 투자자들에게 투자금을 돌려줄 수 있게 되었다.

2부
짐 로저스의 투자 철학

무리에서
벗어나라

나는 세상에서 일어나는 일을 항상 주의 깊게 살펴본다.

내 안테나는 항상 '수신 모드'다.[102]

짐 로저스의
투자 성적표

―――― **퀀텀 펀드** ――――

짐 로저스는 퀀텀 펀드로 짧지만 화려한 성공담을 남김으로써 주식계의 전설이 됐다. 그가 조지 소로스의 수석 애널리스트이자 주니어 파트너로서 펀드를 운용했던 10년간 펀드의 가치는 30배 이상 상승했다. 이 모든 것이 미국 증시에서 눈에 띄는 사건이 없었던 시기에 일어났다는 점에서 더욱 놀라운 일이다. 1969년 12월 31일부터 1980년 12월 31일까지 소로스 펀드(1979년까지 퀀텀 펀드는 소로스 펀드라고 불렸다)는 3365퍼센트 성장했다. 참고로 동 기간 S&P

500 지수는 겨우 47퍼센트 상승했다.[103]

소로스 펀드는 1969년 펀드 총액 610만 달러로 시작했다. 6년 만에 펀드 총액이 3배로 증가하여 1974년 1800만 달러를 기록했다. 그리고 4년 뒤 펀드 총액은 1억 300만 달러를 달성하며 처음으로 억 단위 금액에 돌입했다. 1980년 로저스가 펀드 운용에서 완전히 손을 뗐을 때 펀드 자산은 3억 8100만 달러였다.[104]

수익률도 놀라웠다. "1969년 퀀텀 펀드가 설립되던 해에 1만 달러를 투자한 사람이 있다면, 그리고 그가 배당금을 전부 펀드에 재투자했다면 어떻게 됐을까? 1994년 초 그의 계좌에는 3억 3000만 달러가 들어 있을 것이다. 이는 매해 평균 35퍼센트씩 자산이 증가했다는 뜻이다."[105] 퀀텀 펀드의 운용 실적이 특히 좋았던 해에는 수익률이 50퍼센트를 넘었다. 로저스가 퀀텀 펀드에서 하차한 1980년의 수익률은 무려 106.2퍼센트에 달했다.

10년 동안 소로스와 로저스는 호흡이 척척 맞았다. 1970년부터 1980년까지 단 한 번도 적자를 기록한 해가 없었다. 월스트리트의 투자자들은 두 사람을 점점 더 존경하게 됐다. 두 사람은 마치 미래를 내다보는 시간의 신 다그와 노트처럼 앞으로의 경제 상황이 어떻게 전개될지 누구보다 잘 알고 있는 듯했다(노르웨이 신화에서 다그는 낮을 관장하고 노트는 밤을 관장하는 신이다-옮긴이).[106]

성공의 혜택을 가장 많이 누린 사람들은 퀀텀 펀드에 종잣돈을 제공했던 부유한 일부 유럽인들이었다. 투자자들은 최소 100만 달러를 투자해야 펀드 지분을 소유할 수 있었다. 짐 로저스는 이렇게 설명했다. "이들은 더 부자가 될 필요가 없는 사람들이었다. 이미 돈이 있을 만큼 있는 사람들이었다. 하지만 우리는 이들을 더 부자로 만들어주었다. 바로 여기에 다른 펀드들과의 차별점이 숨어 있다."[107] 이것은 소로스와 로저스에게도 전혀 불리하지 않은 장사였다. 1980년 로저스가 퀀텀 펀드 운용에서 손을 뗐을 때 그는 펀드 지분의 5분의 1 이상을 소유하고 있었다. 당시 1400만 달러에 달했던 그의 자산은 지금 얼마나 불어났을까? 현재 로저스의 자산은 약 3억 달러로 추산된다.[108]

어떤 중요한 결정을 내릴 때,

'정보'를 검토하는 사람이 드물다는 사실이

나는 항상 놀랍다.[109]

당신이 정말 잘 아는 것에만 투자한다면

성공한 투자자가 될 수 있다.[110]

거시적 경제 분석의
대가

── 두 개의 안경 ──

로저스는 20세기 가장 위대한 투자가로 손꼽히는 워런 버핏, 찰리 멍거, 벤저민 그레이엄, 피터 린치, 존 템플턴John Templeton 등과는 근본적으로 다른 전략을 추구했다. 기업에 대한 기본 데이터를 바탕으로 하는 보텀업bottom-up 분석 방식의 투자가 아니라 종합적 분석, 즉 거시경제 분석을 바탕으로 투자 결정을 내리는 톱다운 분석 방식의 투자를 중시했다.

성공한 투자자들은 언제나 남들과는 다른 새로운 유형의 투자 전략을 개발한다. 그중 한 사람이 짐 로저스다. 그는 모든 나라를 투자 대상으로 여긴다. 그는 어떤 나라의 투자 전망이 더 좋은지 정확히 알고 있다. 그의 머릿속에는 나라 별로 실제 거래가 가능한 상품이 무엇인지 알려주는 거대 한 투자 지도가 그려져 있다. 이것이 바로 로저스가 늘 다 른 투자자들보다 한발 앞설 수밖에 없는 이유다.[111]

로저스는 딸들에게 자신처럼 역사와 철학을 전공하라고 조언했다. "나는 너희가 역사를 전공하길 바란다. 세상에 서 일어나는 변화를 거시적 관점에서 이해할 수 있어야 하 거든. 세상이 어떻게 움직이고 어떻게 움직여왔는지 큰 그 림을 이해할 수 있어야 해." 그는 철학 공부가 왜 중요한지 그 이유를 이렇게 설명했다. "나는 너희가 언젠가 철학을 공부하길 바란다. 정말로 큰돈을 벌고 싶다면, 반대로 자기 자신에 대해 정확히 알아야 한단다. 그리고 자신을 잘 알 려면, 인생에서 무언가를 이루길 원한다면, 깊이 있는 사고 를 할 줄 알아야 한다. 그러려면 철학 공부가 도움이 될 것 이다."[112]

로저스는 항상 충분히 조사한 후에 투자 결정을 했다. "정말 잘 아는 것에만 투자한다면 사람들은 훗날 당신을 성공한 투자자로 기억할 것이다."[113] 소로스 역시 로저스가 퀀텀 펀드 운용에서 손을 떼면서 자신과 결별하는 순간까지도 '로저스가 최소 6명 몫의 일을 했다'라고 인정했다.[114] 로저스는 언제나 방대한 정보를 활용했다. "투자 결정이 임박했을 때 (…) 나는 언론의 정보를 내가 확보해놓은 모든 근거, 이를테면 미디어의 기사와 정부 및 국제기구의 보고서와 기업의 실적 발표 자료와 경쟁사의 의견서와 꼼꼼하게 대조해본다. 이렇게 하면 투자에 도움이 될 수 있는 실마리가 하나쯤은 반드시 나온다."[115]

그는 결정을 내릴 때 먼저 전체를 살핀다. 로저스는 이러한 태도를 '거시적 안경을 쓴다'라는 말로 표현하곤 했다. 두 번째 단계에서는 '미시적 안경'을 쓰고 개별 국가와 개별 상품을 탐색한다. 이 두 번째 필터링 영역에서 그는 다른 가치투자자들처럼 한 국가, 한 상품, 한 기업의 기본 데이터를 살펴본다. 그 대신 로저스는 이른바 '기술적 분석', 즉 차트 분석을 건너뛰었다.[116] "일반적으로 나는 거래를 할 때 차트를 이용하지 않는다."[117]

그렇다면 그는 어떻게 투자를 했을까? 좀 더 구체적으로 살펴보자. 흥미로운 투자 대상을 찾는다면 먼저 '거시적 안경'을 쓴 다음 영역별 성장 시장을 찾아보자.

1단계: 거시적 안경 필터링

- 미래를 선도할 기술은 무엇인가? (e-모빌리티, 인공지능, 재생 에너지 등)
- 앞으로 주목해야 할 흥미로운 상품은 무엇인가? (팔라듐, 식품으로서 조류藻類나 곤충, 의약품으로서 대마초 cannabis 등)
- 성장하고 있는 국가는 어디인가? (중국, 통일 후의 한국 등)
- 기준 통화와 더이상 연동하지 않는 통화는 무엇인가? (금본위제와 무관해진 달러 등)
- 성장하고 있는 지역의 부동산은 어디인가? (서울, 베

이징, 칭따오, 홍콩 등)

한두 가지 성장 부문 또는 성장 시장을 선택한 후 충분히 검토한다. '미시적 안경'을 쓰고 당신이 선택한 시장에서 구체적인 투자 대상을 찾는다. 예를 들어 당신이 집중 조사한 결과 'e-모빌리티'가 미래의 기술이라는 확신을 얻었다고 하자. 그다음에는 '미시적 안경'을 쓰고 이 분야에서 어떤 기업이 활동하고 있는지 조사하자. 대략 다음과 같은 결과가 나올 것이다.

2단계: 미시적 안경 필터링

- 전기 자동차 산업을 선도하는 기업 관련 주 (테슬라, 시트로앵, 폭스바겐, 현대, 기아, BYD 등)
- 배터리 제조 업체 (삼성SDI, LG화학, 파나소닉 등)
- 리튬 관련 분야의 원료 제조 업체 (FMC, 앨버말 Albemarle, 칠레 민간 화학 광업사 SQM 등)
- 배터리 공급 시설을 생산하는 장비 제조 업체 (독일

하이테크 장비 제조 업체 만츠Manz, 아우만Aumann 등)

- 혁신적인 생산 기지 (테슬라 기가팩토리의 신규 생산기지
  가 있는 베를린의 그뤼하이데Grünheide 기지 등)
- 세계 최고 수준의 기술 연구소 (수십억 유로의 연구비
  지원을 받은 뮌스터의 배터리 연구소 등)

이것이 바로 톱다운 분석 방식의 투자 전략이다. 모든 기업의 기본 데이터를 하나하나 살펴보는 것이 아니라, 현재의 경제 상황과 트렌드를 중심으로 투자 대상의 범위를 좁혀나가는 것이다. '거시적 안경'과 '미시적 안경'을 통해 타깃을 확정했다면 주가수익비율, 주가장부가치비율, 주가현금흐름비율, 주가매출액비율, 배당수익률, 주식의 내재가치등을 분석해 최종 투자 의견을 정리한다.

만약 특정 국가에 대한 거시적 분석을 통해 발전 가능성이 높다는 결론을 얻었다면 해당 국가의 성장 기업, 국채, 통화, 대표 상품에 투자할 수도 있다. 좀 더 적극적으로 나선다면 해당 국가의 부동산에 투자를 해보는 것도 흥미로울 것이다. 부동산에 직접 투자를 할 수도 있고, 부동산 관련

펀드나 상장된 주택 조합(리츠)을 알아보는 것도 좋다. 만약 기업 종목이나 부동산이 아닌 상품에 직접 투자하고 싶다면 '수요'와 '공급'의 원리만 이해해도 된다. 우리는 이를 통해 생각보다 많은 것을 알아낼 수 있다. 이에 대해선 뒤에서 좀 더 자세히 다루겠다.

내 투자 실적이 가장 높았을 때는

내가 무리에서 벗어나 외로이 활동했을 때다.[118]

사망 선고를 받은 사람이
더 오래 산다

────── **턴어라운드** ──────

'진중함'은 로저스의 투자 성향을 표현하는 적절한 단어다. 다른 전설적 투자자들과 마찬가지로 짐 로저스 또한 시장의 흐름에 일희일비하지 않았다. 그는 주가가 폭등하거나 폭락할 때 반사적으로 움직이지 않았다. 오히려 로저스는 언제나 무리에서 벗어나 대세에 역행할 때 최고의 투자 성과를 올렸다. 이제 막 투자의 세계에 입문한 우리가 이를 통해 얻을 수 있는 교훈은 무엇일까?

모든 사람의 화제가 주식일 때 주식을 매도하라

로저스는 강세장일 때 주식을 매도하고, 약세장일 때 주식을 매수하라고 조언했다. "많은 사람이 확신할 때 항상 의심하라."[119] "경험칙에 따르면 주식시장에 집단 히스테리 현상이 나타날 때는 주식을 매도하고, 패닉장일 때는 매수해야 한다."[120]

수많은 위대한 투자자가 이 원칙을 주장했지만, 실제 초보자들이 주가나 상품 선물 가격이 한창 오를 때 매도 결정을 내리기란 결코 쉬운 일이 아니다.

독일의 예를 들어보자. 20세기에서 21세기로 넘어가던 세기 전환기에, 도이치텔레콤 주가가 천정부지로 치솟으며 집단 히스테리 현상이 벌어진 적이 있었다. 1996년 도이치텔레콤의 상장가는 28.50도이치마르크(14.57유로)였는데, 그러던 것이 일련의 사태를 겪으며 전설의 주가인 103.50유로를 기록했다. 주가가 7배 이상 상승하며 이른바 '세븐배거7 bagger'를 기록한 것이다. 도이치텔레콤 주식의 매도 적기는 새천년이 시작된 직후였다.

하지만 대부분의 투자자들은 이상적인 하차 시기를 놓쳤다. 그들은 끝없이 치솟는 주가를 바라보며 행복한 시나리오를 그렸다. 2000년 끝무렵이 되자 주가는 34.80유로까지 하락했다. 주가가 치솟기 몇 달 전부터 도이치텔레콤 주식은 모든 사람의 화젯거리였다. 주식 시장에 발을 담그고 있는 모든 독일인이 모이기만 하면 도이치텔레콤에 대해 떠들었다. 짐 로저스의 투자 전략을 알고 있는 사람이라면 바로 이때 도이치텔레콤 주식을 팔아치워야 했다.

로저스는 미국의 사례를 인용했다. "전설적인 금융가이자 역대 대통령들의 금융 자문을 맡았던 버나드 바루크Bernard Baruch는 월스트리트의 구둣방에 구두를 닦으려고 갔다가 구두닦이 소년에게 우연히 좋은 팁을 얻었다. 소년은 마치 엄청난 비밀을 풀어놓듯 잔뜩 긴장한 목소리로 곧 상한가를 찍을 주식 종목을 알려줬다. 바루크는 그 이야기를 듣자마자 곧장 사무실로 돌아가 자신이 가지고 있던 주식을 전부 팔았다."**121**

사망 선고를 받은 사람이 더 오래 산다

이러한 역발상 투자 전략을 좀 더 적극적으로 활용한다면, 우리는 파산 직전인 기업의 주식에도 투자할 수 있을 것이다. 로저스는 투자의 리스크와 보상은 언제나 정비례한다고 믿었다. 이러한 투자 전략을 우리는 '턴어라운드'(적자 상태에 놓였던 기업이 실적이 개선되어 흑자로 전환되는 것-옮긴이)라고 부른다.

로저스는 위기에 닥친 기업들의 주식은 늘 상대적으로 저렴한 가격에 매수할 수 있기에 잘만 하면 차익을 남길 수 있다는 사실을 알고 있었다. "사람들은 내게 종종 미쳤다는 말을 한다. 하지만 다른 사람들이 판단하기에 터무니없는 투자인 것처럼 보일수록 수익을 올릴 가능성이 크다."[122]

로저스는 1970년대 중반 파산 직전인 미국의 군수 기업 록히드Lockheed에 투자한 적이 있었다. 투자자들은 로저스가 잠깐의 성공에 취해 무리수를 둔다고 비웃었다. "투자자

모임에 나간 나는 당시 주가가 고작 2달러였던 록히드 주식을 보유해야 하는 이유를 최선을 다해 설명했다. 그때 테이블 저 끝에서 한 남자가 내가 얼마나 이상한 짓을 하고 있으며 자신이 얼마나 이런 전략을 경멸하는지 속닥거리고 있었다. 물론 나는 그런 일은 하도 많이 겪어서 자존심에 상처 따위는 남지 않았다. (…) 몇 년 후 록히드의 주가는 100배 이상 올랐다."[123]

2000년대가 되어 로저스가 공격적으로 아시아 시장에 투자할 때도 주변 투자자들은 의심스러운 눈초리로 그를 바라봤다. "사람들은 그 나라를 투자자들의 무덤이라고 말했다. 1990년대 말까지 서양 출신 투자자들은 단 한 명도 이 지역에 투자하지 않았다. (…) 이제야 밝히지만 나는 1980년대에 이미 중국의 엄청난 잠재력을 간파하고 있었다. 중국에 대한 모든 것을 틈틈이 알아본 뒤 비로소 내 돈을 투자해야겠다고 결심했다."[124]

공매도는 투자 시장의 일부다

"100명의 투자자에게 '이 세상에서 가장 위험한 도전이 무엇입니까?'라고 물어본다면 그들은 '공매도입니다'라고 답할 것이다."[125] 역발상 투자자 로저스는 파산 직전인 기업뿐만 아니라 자신이 판단하기에 급락 직전인 주식, 통화, 상품에도 투자했다. 바로 공매도 투자다.

"우리는 1976년 파운드화 파동이 발발하기 직전에 영국 파운드를 공매도했다. 그리고 1980년 금값이 치솟을 때는 공매수short stock buying(신용거래의 일종으로 자금을 가지고 있지 않거나 자금을 가지고 있더라도 실제 인수할 의사가 없이 시세 차익만을 목적으로 매수하는 것-옮긴이)를 했다."[126] 존 트레인에 따르면 로저스는 공매도를 특히 즐겼다고 한다. "로저스는 주식을 비축하는 것만큼이나 공매도를 즐겼다. 그는 나중에 더 낮은 가격으로 다시 매수할 수 있기를 바라며 매도했다."[127]

하지만 이 점을 명심하길 바란다. 로저스가 공매도로 많은 돈을 벌었다고는 하지만, 그도 주식 초보 시절에는 섣부른

공매도로 큰 재정적 어려움을 겪었고, 공매도 투자가 그 어떤 투자보다 리스크가 큰 전략이라는 것을 누구보다 잘 알고 있었다. "공매도는 아마추어를 위한 투자법이 아니다. 공매도에 도전하려면 더 많이 알아야 하고, 모든 과제를 성실하게 완수해야 한다. 정보가 많지 않거나 정보를 충분히 수집할 의지가 없는 사람이라면 절대 공매도에 도전해선 안 된다."[128] 그는 이 말도 덧붙였다. "까딱 잘못하면 빠른 속도로 엄청난 손해를 당할 수 있는 것이 공매도다."[129]

그는 공매도가 투기성이 강하고 시장의 악재를 노린다는 점에서 일반인으로부터 좋지 않은 시선을 받고 있다는 사실도 잘 알고 있었다. "내가 공매도의 원리를 설명했을 때 닉슨은 공매도를 미국의 정신에 위배된다며 강력히 비난했다. 하지만 닉슨이 공매도가 비애국적인 행위라고 생각한 유일한 정치 지도자는 아니다. 나폴레옹 보나파르트도 공매도 투자자를 반역자로 몰아 감옥에 보냈다."[130]

하지만 로저스는 이러한 공매도에 대한 혹평에도 불구하고, 공매도가 거시 경제에서 반드시 필요한 금융 활동

중 하나라고 주장했다. "공매도는 정말 만악의 근원일까? 높은 수익을 달성하기 위한 투기성 전략일 뿐일까? 나는 그렇게 생각하지 않는다. 공매도는 시장의 유동성과 안정성을 관리하는 매우 중요한 도구로 쓰일 수 있기 때문이다."[131]

노련한 투자자 짐 로저스의 조언에 따르면, 당신은 공매도를 하기 전에 이 주제에 대해 충분히 공부해야 한다. 개인 투자자를 위해 공매도를 대행해주는 온라인 사이트도 있다. 중개인들은 투자자들에게 공매도할 주식을 알려주고 수수료를 받는다. 수수료는 대략 주가의 1~2퍼센트 수준이다. 그리고 실제로 공매도를 할 때는 주가의 25~40퍼센트에 상당하는 충분한 증거금을 주식 계좌에 예치해놓아야 한다.

마지막으로 '금융계의 이단아' 짐 로저스가 자신의 딸들에게, 그리고 모든 투자자에게 남긴 한 조언을 하나 덧붙인다. "사람들이 가는 방향과 반대로 가는 것은 쉬운 일이 아니다. 두렵고 초조해지며, 자꾸만 뒤를 돌아보게 된다. 하지만 이 사실을 기억하라. 마침내 성공한 사람들은 단 한 명도 예외 없이 모두 이렇게 행동했다."[132]

투자자가 상품 투자를 안 한다는 것은

엄청난 기회를 잃는 것이다.[133]

상품에 투자하라,
하루라도 빨리

———— 전 세계 시장의 절반 ————

많은 사람이 투자와 관련하여 대화를 나눌 때 가장 먼저 떠올리는 것이 주식이다. 몇몇 사람은 부동산이나 국채를 떠올리기도 한다. 하지만 가장 오래된 투자 분야이자, 여전히 엄청난 기회가 잠재되어 있는 상품 투자를 떠올리는 사람은 아무도 없을 것이다. "이른바 똑똑한 투자자들 중에서는 주식, 채권, 부동산에 투자했으면 충분히 분산했다고 안심하는 사람이 많다. 투자 경험이 많은 사람은 달러나 엔화 등 외환을 투자 대상으로 생각할 수도 있다. 하지만 상품을 생각하는 사람은 아주 드물다."[134]

상품은 고대 이후 주요 시장에서 꾸준히 거래되며 성장해 왔다. "상품 시장은 증권 시장을 제외하면 세계 최대의 시장이다."[135] 현재 주요 상품거래소 또는 상품 선물거래소에서는 에너지, 금속, 곡물, 식료품, 육류 등이 거래되고 있다. 기록에 따르면 상품 시장이 붕괴된 적은 고대 이래 딱 한 번. 1637년 네덜란드 튤립 시장의 투기 거품이 꺼지며 대혼란이 벌어졌을 때뿐이다. 오늘날 전 세계에서 가장 크고 유명한 상품거래소는 다음과 같다.

- 뉴욕상품거래소(New York Mercantile Exchange, NYMEX): 세계에서 가장 큰 선물거래소. 귀금속, 에너지, 농산물 등 모든 상품 거래가 이뤄진다.
- 시카고상품거래소(Chicago Board of Trade, CBOT): 특히 농산물에 대한 선물과 옵션 거래가 이뤄진다.
- 유럽파생상품거래소(European Exchange, Eurex): 세계에서 두 번째로 규모가 큰 옵션 및 선물거래소.
- 런던금속거래소(London Metal Exchange, LME): 알루미

뮴, 니켈, 구리, 납, 아연, 니켈 등과 같은 산업용 금속이 거래된다.

- 인터콘티넨털 익스체인지(Intercontinental Exchange, ICE): 전기, 에너지, 농산물에 대한 옵션과 선물 거래가 이뤄진다.

로저스가 집필한 상품 투자서 『상품시장에 투자하라』의 독일어판 제목은 '세상에서 가장 매력적인 시장Der attraktivste Markt der Welt'였다고 한다. "정말로 분산이 잘 이루어진 포트폴리오에는 상품이 포함되어 있다."[136] "상품 거래로 돈을 버는 방법? 수익을 얻는 유일한 방법은 더 많이 배우고 그것을 상품 투자에 적용하는 것이다."[137] 물론 로저스가 이 책을 쓴 것만으로 세계 상품 시장의 황제로 등극한 것은 아니었다. 1990년대 말, 전 세계 투자자들이 과대평가된 기술주에 몰릴 때 로저스는 조만간 아무런 실체가 없는 닷컴버블이 곧 터질 것을 예상하고 대안이 될 만한 투자 대상을 찾았다. "수많은 사람이 주가가 놀라운 기세로 상승하는 기술 분야의 일부 우선주에 눈이 멀어 있었다. (…) 당시 나는 주식 가격이 하락할 것을 알고 있었다. 그것들은 모두 실체가 없는 거품에 불과하기 때문이었다. 나는 아무런 가치가 없는 물건에 어째서 저렇게 터무니없는 가격이 매겨졌는지 이해할 수 없었다. 그래서 『CRB 상품 연감CRB Commodity Yearbook』(상품연구소가 매년 수많은 상품 목록의 재고와 수요 현황에 대해 간략하게 요약하고 가격 추세를 정리해 발표하는 자료집)을 펼쳐 들고 진짜 투자처를 찾기 시작했다."**138**

1998년 세계 최대의 금융 중개 회사인 메릴린치피어스페너앤드스미스Merrill Lynch Pierce Fenner & Smith Inc도 상품 사업에서 철수했다. 하지만 오히려 로저스는 자신의 포트폴리오에서 상품 카테고리의 비율을 높였고, 자신의 이름을 건 상품 지수까지 개발했다. 이것이 바로 RICI(로저스 인터내셔널 상품 인덱스)다. 이 지수를 바탕으로 로저스는 상품 펀드, 즉 로저스 원자재 펀드를 구상했다. 수년 뒤 결국 닷컴버블은 붕괴됐고 미국의 IT 시장은 10년 이상 후퇴했다. 그러나 로저스는 이 기간에 자신의 순자산을 2배 이상 늘렸다. "「상품 선물 거래에 대한 팩트와 환상Facts and Fantasies about Commodity Futures」이라는 연구의 저자들은 지난 45년 동안 상품이 주식이나 채권보다 인플레이션을 방어하기에 더 좋은 투자 수단이었다고 주장한다."[139]

사실 로저스는 주식 시장에 처음 입문했을 때부터 상품에 투자해서 많은 돈을 벌었다. "주식 시장이 약세일 때부터 1970년대 초반까지 나는 상품 부문에서 많은 가능성을 발견했다."[140] 그리고 모든 사람이 인터넷 혁명에 열광하고 있던 1990년대 말에도 로저스는 상품 부문에 대규모 투자를 했다. "사람들이 과열된 시장에 몰려들고 다른 투자 가능성을 보지 못할 때 나는 늘 최고의 실적을 올렸다."[141]

닷컴버블이 터지고 20년이 지난 현재, 유사한 동향이 관찰되고 있다. 기술주에 대한 수요는 극도로 높은 반면 투자자들의 포트폴리오에서 상품은 찾아보기 힘들다. 2018년 여름, 애플의 시가총액은 세계 최초로 1조 달러 장벽을 넘었다. 아마존과 마이크로소프트가 그 뒤를 이었고, 2020년 1월 16일 미국의 대형 기술기업 중 하나인 알파벳(구글의 모기업)이 역사상 네 번째로 1조 달러를 달성했다. 이 기업들은 모두 기술 기업이다. 과연 지금 로저스는 어떤 산업에서 또 다른 기회를 엿보고 있을까?

메릴 린치가 상품 사업에 다시 뛰어들고

CNBC에서 시카고거래소의 콩 거래를 보도하거든,

즉시 상품을 팔고 주식을 사라.[142]

상품 시장과 주식 시장은
반대로 움직인다

──────── 사이클 예측 ────────

상품 시장 투자에 대해 좀 더 깊게 다뤄보자. 로저스는 상품의 가격과 주식 시장의 시세가 반대로 움직인다는 것을 알아냈다. 미국의 투자 은행 슈티펠Stifel의 수석 분석가 배리 배니스터Barry Bannister는 장기 연구를 통해 다음과 같은 사실을 밝혀냈다.

130년 동안 주식과 상품은 정기적으로 평균 18년 간격을 두고 시장의 우위를 교대로 차지했다.[143]

이를 통해 우리는 더욱 분명하게 상품 투자를 해야 하는 시점을 확인할 수 있다. 주식 시장이 과열되고 투기 거품이 터지기 직전일 때 적절한 자금을 상품 시장에 투입한다면 우리는 매우 훌륭하게 리스크 분산 전략을 활용할 수 있을 것이다. 몇몇 투자자는 주식으로 수익을 올리기가 불가능한 상황에서 상품에 투자해 돈을 벌었다.[144]

2000년 닷컴버블, 2007년 서브프라임 모기지 사태 같은 거대한 금융 위기를 일반인이 예측하는 것은 불가능에 가깝다. 미국에서 가장 똑똑한 경제 전문가들이 모인 연방준비제도이사회조차 그 어떤 징후도 포착해내지 못했으니까 말이다. 하지만 상품 시장은 조금만 관심을 기울인다면, 꾸준히 동향을 살핀다면 우리 같은 일반 투자자들도 충분히 시장의 흐름을 예측할 수 있고 그에 맞춰 적절한 투자 계획을 세울 수 있다. "내가 아는 한 투자가는 18년 동안 주식 시장에서 놀다가, 주식 시장이 미적지근해지면 상품 선물로 갈아탔다가, 상품 시장이 지루해지면 다시 주식 시장으로 돌아온다."[145]

역사학에도 조예가 깊었던 짐 로저스는 주식 시장과 상품 시장의 최고 호황기가 끊임없이 엇갈리며 서로 교체된다고 믿었다. 그리고 과거 역사에서 나타난 주기를 미래에도 적용할 수 있다고 확신했다. 이런 교체 현상은 일정한 간격으로 나타난다. 이 주기가 17년에서 18년 사이라고 하는 사람들도 있고, 15년에서 23년 사이라고 하는 사람들도 있다. 하지만 확실한 것은 두 흐름이 반드시 교차한다는 사실이다.

로저스는 2009년에 다음과 같은 진단을 내놓았다. "1999년 이후로는 상품 시장이 우세하다. 당분간 나는 이 추세가 계속되리라고 생각한다. 과거 역사를 참고하면, 이런 고공행진은 2014년에서 2022년 사이에 끝날 것으로 보인다."[146] RICI, 블룸버그 상품 지수BCOM, 골드먼삭스 상품 가격 지수 등 현재 통용되고 있는 상품 지수 차트를 관찰하면 상품 시장의 고공행진은 로저스의 예측처럼 실제로 2014년 말에 끝났다. 현재 지수의 곡선은 이 추세에서 약간 벗어나 있고 가격이 상대적으로 낮은 편이다. "20세기에는 상품 시장의 약세장뿐만 아니라 강세장도 17~18년 동안 지속됐다."[147]

그렇다면 상품 시장이 이렇게 특정한 주기를 중심으로 상승과 하락을 반복하는 원인은 무엇일까? 상품의 가격을 결정하는 근본적인 구조를 이해한다면 우리는 좀 더 정확한 투자 판단을 내릴 수 있지 않을까? 가장 큰 축은 물론 수요와 공급이다.

"상품 가격이 상승하는 원인은 모든 경제 원칙 중 가장 기본적인 원칙인 수요와 공급에서 찾을 수 있다."[148]

"공급이 적고 수요는 증가하고 있지만 공급량이 증가할 기미가 보이지 않는다? 이것은 상품 투자자들이 웃을 일만 남았다는 뜻이다."[149]

상품거래소에서 거래되는 종목은 매우 다양하다. 각 상품의 가격 또는 가격 변동은 수요와 공급에 따라 결정된다. 특정 상품의 공급 물량이 지속적으로 감소하지만 수요에는 변화가 없을 경우 당연히 가격은 상승한다. 예를 들어

2019년 말 전 세계의 돼지고기 가격이 일제히 폭등했다. 중국에서 아프리카 돼지 열병이 창궐해 세계적으로 돼지고기 공급 파동이 일어났기 때문이다. 세계 최대의 돼지고기 생산국인 중국 역시 이때 큰 타격을 입었다. 중국이 아프리카 돼지 열병이 창궐하기 전의 돼지고기 생산량을 회복하려면 앞으로 수년은 더 걸릴 것이다.

공급량이 동일하거나 감소하고 있는 상태에서 수요만 증가하면 가격은 상승한다. 이러한 예시에 들어맞는 상품 중 하나가 리튬이다. 리튬은 배터리 생산에 필요한 원자재로, 현재 한창 호황을 누리고 있는 e-모빌리티 영역에서 수요가 급증하고 있다. 근래 리튬 가격은 최고 3배까지 상승했는데 채굴량, 즉 리튬 공급량이 증가하면서 가격이 다시 하락했다.

또 다른 예를 들어보자. 대표적인 귀금속 상품인 팔라듐 역시 만능 촉매 물질로 다양한 신산업 분야에서 주목하고 있는 귀금속이다. 팔라듐을 다루는 상품 시장에 투자하기 전에 해당 귀금속의 공급 상황을 평가하려면 어떤 질문을 던져야 할까?

- 현재 전 세계 팔라듐 생산량과 향후 10년간 예상 생산량은 어느 정도인가?
- 팔라듐 생산량이 특정 국가에 집중되어 있는가? 이 국가들의 정부 또는 경제는 얼마나 안정적인가?
- 전 세계 팔라듐 재고 보유량은 어느 정도인가?
- 기존 팔라듐 광산의 최대 생산량과 매장량은 어느 정도인가?
- 지구상에 팔라듐이 발굴될 새로운 매장지가 있는가?
- 전 세계적으로 새로운 매장지를 찾고 있는 추세인가?
- 새로운 팔라듐 광산을 개발하기까지 어느 정도의 시간이 걸리는가?
- 새로운 매장지를 개발하는 데 얼마나 많은 비용이 드는가?
- 새로 발굴된 팔라듐을 언제쯤 시장에 공급할 수 있는가?

이번에는 반대로 수요 현황을 평가할 때는 어떤 질문을 던져야 할까?

- 팔라듐이 가장 많이 사용되고, 특히 수요가 많은 분야와 산업 영역은 어디인가?
- 이 산업 영역에서 앞으로도 팔라듐 수요가 많을 것으로 예상되는가? 아니면 신기술이 개발되어 감소할 것으로 보이는가?
- 팔라듐에 필요한 신기술이 있는가? 신기술이 팔라듐 수요를 증가시킬 것으로 예상되는가?
- 팔라듐을 대체할 만한 상품 또는 동일한 수준의 대체재(대용재)가 있는가? 그 상품이 팔라듐을 대신하여 동일한 기능을 할 수 있는가?

이상의 질문에 대한 답을 어디에서 얻을 수 있을까? 로저스는 1939년부터 매년 발행되고 있는 『CRB 상품 연감』을 찾아보라고 조언한다. "이 자료집은 상품 시장 투자자들에게는 바이블이라고 할 수 있다. 연감은 매년 발행되는데, 참고로 나는 1971년 이후 발행된 모든 연감을 소장하고 있다."[150]

광범위한 조사를 끝낸 후 가격이 상승하리라는 확신이 드는 상품에 투자하라. 다시 한번 말하지만 상품 시장은 주식 시장에 비해 훨씬 더 단순하고 그만큼 반응이 빠르다. 공급이 감소하는데 수요가 증가하면 가격이 오르고, 공급이 느는데 수요가 떨어지면 가격이 내려간다.

로저스는 이렇게 설명한다. "신문에 새로운 유전이 발견됐다거나 대도시 인근에 풍력 발전소가 건설될 것이라는 기사가 대서특필되었다고 치자. 그 기사를 본 순간, 우리는 관련 에너지 자원(상품)의 재고량이 증가할 사실을 쉽게 예측할 수 있다. 이는 가격 조정이 머지않았다는 뜻이니 만약 관련 상품에 돈을 투자했다면 모든 자금을 즉시 회수해야 한다."[151] 더 저렴한 대체 원료가 등장해 특정 상품의 수요가 가까운 시일 내에 크게 감소할 것이 확실할 경우에도 바로 청산해야 한다.

마지막으로 한 가지 더. 상품 평가를 위한 조사에는 충분한 시간이 필요하고, 처음부터 끝까지 제대로 조사를 하려면 대충 해치우려고 해선 안 된다. 따라서 로저스는 전업 투자자가 아닌 입문자들에게는 적은 수의 상품에만 집중하는 것이 좋다고 조언한다. "한두 부문에서 가능성을 찾고 한두 가지 상품에만 집중 투자하며 작게 시작할 것을 권한다. 상품 거래는 주식 거래와는 많이 다르다."[152]

'상품 거래'와 '선물 거래'는 원칙적으로 같은 것이다.[153]

짐 로저스가
가장 재미를 봤던 투자법

—————— **선물 거래** ——————

상품에 투자하는 방법은 여러 가지다. 실제로 투자자들은 상품, 이를테면 베이컨 10킬로그램 같은 실물이 아니라 '상품에 대한 권리'를 사는 경우가 더 흔하다. 이러한 상품 거래의 특성이 가장 선명하게 드러나는 거래 방식이 바로 '선물 거래'다. 선물 거래란 특정한 상품(예를 들어 돼지 반 마리, 주식, 외환, 채권 등)의 미래 가격을 미리 예측해 수익을 노리는 투자 방식이다.

예를 들어 상품 등 재화를 소유한 판매자가 있고 현금을 소유한 구매자가 있다고 치자. 판매자는 몇 개월 뒤 상품 등 재화의 가격이 지금보다 더 떨어질 것이라고 예측하여 조금이라도 더 비싼 가격, 즉 지금의 가격으로 상품을 팔기를 원한다. 반대로 구매자는 판매자가 소유한 상품 등 재화의 가격이 장래에 크게 오를 것이라 예측하고 조금이라도 더 싼 가격, 즉 역시 지금의 가격으로 상품을 사기를 원한다. 따라서 두 거래자는 서로가 합의해 정한 가격(기준가)으로 상품 등 재화를 거래하되, 재화 등 상품의 인도는 다가올 미래에 처리하는 것이다. 만약 6개월 뒤 상품 등 재화를 인도하기로 했는데 그 사이 상품 등 재화의 가격이 크게 올랐다면 구매자가 이득을 보는 것이고 그 반대라면 판매자가 이득을 보게 된다.

선물 거래는 거래되는 상품에 따라 금융 거래와 상품 거래로 나뉜다. 16세기 무렵 네덜란드 암스테르담에서 곡물을 거래할 때 선물 거래가 최초로 도입된 것으로 알려져 있다. 1732년에는 일본 오사카에 세계 최초의 선물거래소 도지마쌀거래소Dojima Rice Exchange가 설립됐다.

그렇다면 오늘날 선물 거래를 하려면 어떻게 해야 할까? 주식과 마찬가지로 선물 거래 역시 '선물상품거래소'에서 할 수 있다. 가장 유명하고 역사가 오래된 거래소는 앞서 소개했던 유럽파생상품거래소와 뉴욕상품거래소가 있다. 물론 은행이나 전문 중개인의 선물 계좌를 통해 매수할 수도 있다.

선물로 상품을 매수할 때는 평균 5~10퍼센트의 증거금margin(보증금)을 미리 지불해야 한다. 선물 거래는 원래 곡물이나 고기 등의 상품 가격이 외적 요인(자연재해 혹은 전쟁 등)에 의해 크게 변동될 때 발생할 리스크를 통제하기 위해 고안된 거래 방식이었다. 하지만 시간이 흘러 금융 환경이 고도로 발달하면서 점차 본연의 목적은 사라지고 투기성이 짙어졌다. 실제로 전 세계 선물 시장에서 상품이 교환되는 경우는 3퍼센트에 못 미친다. 선물 거래 케이스 중 대부분은 만기일 이전에 어느 한 당사자에 의해 결제가 취소되어 '미결제 청산' 처리된다. 이를 상쇄 거래offsetting transaction(현재 자신이 보유하고 있는 금융 상품의 미결제 매도 포지션이나 미결제 매수 포지션을 청산하기 위하여 동일한 거래 계약의 수만큼 반대 포지션을 취하는 거래-옮긴이)라고 부른다.

선물 거래는 일반 주식 거래보다 훨씬 높은 수익률을 기대할 수 있다. "상품 투자는 지난 반세기간 평균적으로 봤을 때 그 상품을 생산하는 업체의 주식보다 더 높은 수익을 달성했다. 무려 3배나 높은 수익률이었다. 이러고도 상품 투자를 하지 않을 이유를 찾고 있다면 더 이상 내가 해줄 수 있는 말은 없다."[154]

하지만 우리가 오랜 주식 투자에서 얻은 교훈처럼, 수익률이 높을수록 리스크도 함께 커진다. 게다가 미래의 가격을 예측해야만 하는 선물 거래에는 훨씬 더 많은 변수가 복잡하게 얽혀 있다. 간단히 말하자면 선물 거래는 레버리지 거래와 똑같다. 선물 매수자는 선물 계약 한 건에 대한 명목 가치가 아니라, 명목 가치의 일부인 증거금을 미리 지불한다. 선물 시장 경기가 좋고 상품 가격이 계속해서 올라가면 매수자는 선물을 매도할 때 증거금을 제외한 수익금만 수령한다. 이게 어떤 의미일까?

다음 설명을 들으면 좀 더 쉽게 이해할 수 있을 것이다. 당신이 카카오 선물 계약 10건을 체결했다고 치자. 계약 1건의 규모는 '카카오 100톤'이고 1톤의 거래액은 '100유로'다. 10건의 전체 계약 물량이 1000톤이므로 전체 거래액은 10만 유로가 된다. 이 경우 선물 거래 계좌에 당신이 미리 입금해야 하는 금액은 거래액의 10퍼센트인 증거금 1만 유로다. 자, 이 상태에서 카카오의 가격이 가까운 미래에 10퍼센트가 상승해 1톤당 110유로가 된다면 어떻게 될까? 당신의 수익금은 1만 유로로 수익률은 무려 100퍼센트가 된다(투자한 돈은 증거금 1만 유로가 전부이므로). 수익률이 이렇게 높은 이유는 레버리지 효과가 발생했기 때문이다. 이 사례에서 레버리지 비율은 '거래액을 증거금으로 나눈 비율', 즉 거래액 10만 유로를 증거금 1만 유로로 나눈 비율이다(당신은 무려 10배의 레버리지를 동원한 것이다).

하지만 레버리지 효과가 반대로 나타날 수도 있다. 카카오 가격이 10퍼센트 하락해 1톤당 90유로가 된다면 당신의 손실액은 1만 유로로, 수익률이 마이너스 100퍼센트가 된다. 즉 증거금 전액을 날리는 것이다. 만약 카카오 경작지에서 기록적인 수확량을 달성해 카카오 가격이 1톤당 60유로까지 하락한다면 당신은 4만 유로를 잃게 된다. 이때는 투입 자금 1만 유로를 전부 잃을 뿐만 아니라 '선물 거래 청산소'에 3만 유로를 추가로 지불해야 한다.

이처럼 상품 선물 거래는 정치, 전쟁, 재해, 금융 위기 등 미래를 예측할 수 없는 리스크가 상존한다. 구리가 매장된 어느 국가에서 쿠데타가 일어나 장기간 광산이 폐쇄될 수도 있고, 전력 공급이 불안정해 천연가스 공급이 중단될 수도 있다. 농산물의 수확량은 기후에 절대적으로 영향을 받으며, 해충이나 전염병 때문에 수확량이 급감할 수도 있다. 심지어 환율 리스크도 있다. 석유나 금과 같은 상품은 오직 달러로만 거래가 된다. 달러 대비 자국 화폐 가치가 하락한다면 그만큼 기대 수익률도 떨어질 수밖에 없다. 선물 거래 투자자가 이 모든 것을 통제할 수는 없다.

또 다른 위험 요인인 롤오버rollover도 있다. 상품 선물은 한정된 기간만 보유하는 것이기 때문에 만기가 되기 전에 청산해야 한다. 만약 거래를 청산하지 않으면 상품을 현물로 인수해야 한다. 선물 투자 기간을 연장하고 싶다면 거래 기간이 더 긴 선물을 새로 매수해야 한다. 이 과정을 롤오버라고 한다. 일반적으로 거래 기간이 긴 신규 선물은 오래된 선물보다 더 비싸다. 그러므로 선물 거래 기간을 연장하면 롤오버 손실이 발생하는 게 보통이다.

주가는 언제든지 0으로 떨어질 수 있지만,

상품 가격은 지구가 사라지지 않는 한 그럴 수 없다.[155]

상품 선물 투자의 리스크를
어떻게 관리할까

--- **ETC** ---

선물 매수에는 몇 가지 리스크가 뒤따르기 때문에 투기 목적의 투자자에게는 엄청난 수익을 올릴 기회가 된다. 짐 로저스는 이런 리스크도 어느 정도 계산할 수 있다고 믿었다. "당신이 투자 전에 숙제를 제대로 하고 이성적이고 책임감 있는 태도를 유지한다면, 상품 시장이 주식 시장보다 오히려 리스크가 더 적을 수도 있다."[156]

상품 시장에 첫발을 내딛기 전 가장 먼저 해야 할 일은 일부 중개 사이트와 선물 거래 은행에서 제공하는 무료 모의 거래 계정으로 연습을 하는 것이다. 이런 곳에서 각 플랫폼에 친숙해지는 것은 물론 자신의 투자 전략을 마음껏 테스트해볼 수 있다(국내에서는 키움증권, 미래에셋투자증권 등 각종 증권사에서 파생상품 모의 투자 교육 및 테스트 서비스를 제공하고 있다-옮긴이). 개별 상품에 대한 직접적인 투자가 두렵다면 인덱스 펀드로 시작하는 것을 추천한다. "연구 결과에 따르면 인덱스 펀드는 초보 투자자에게 가장 저렴하고 합리적인 투자법이다. 평균적으로 인덱스 펀드는 현재 운용되고 있는 전 세계 모든 펀드보다 더 나은 실적을 달성했다."[157]

상품가격연동증권Exchange Traded Commodities(ETC)은 주식시장에서 거래되는 상품 인덱스 펀드다. 쉽게 생각해 특정 상품의 시가와 시장의 지수를 추종하는 ETF 같은 것이라고 생각하면 쉽다. ETC에 영향을 미치는 국제 상품 지수 중 현재 널리 사용되는 지수는 다음과 같다.

- 로저스 국제 상품 지수[158]
- 블룸버그 상품 지수Bloomberg Commodity Index, BCOM[159]

- 코메르츠방크 농산물 지수Commerzbank Commodity ex-
  Agriculture EW Index[160]
- 톰슨 로이터스/핵심 상품 CRB 지수Thomson Reuters/
  CoreCommodity CRB Index[161]
- UBS 블룸버그 CMCI 지수UBS Bloomberg CMCI Index[162]
- 도이치방크 유동성 상품 지수Deutsche Bank Liquid Commodity
  Index, DBLCI[163]
- S&P GSCI 지수[164]

로저스는 상품 관련 인덱스 펀드 투자 외에도 좀 더 안전
하게 거래할 수 있는 투자법을 소개했다. 이른바 '간접 투
자법'이다.

- 상품 기업의 주식을 매수한다. (광산 회사 리오틴토Rio
  Tinto, 호주 광산 업체 BHP빌리톤BHP Billiton, 다국적 광산 회사
  앵글로아메리칸Anglo American, 쯔진 광업 그룹Zijin Mining Group,
  옥시덴털페트롤리움Occidental Petroleum, 금광 업체 배릭골드
  Barrick Gold, 포장재 및 제지 업체 몬디Mondi 등)
- 상품을 생산하는 국가에 투자한다. (천연자원이 풍부

한 캐나다나 호주, 잠재 에너지 수요는 풍부하지만 정치적으로

불안정한 브라질이나 칠레나 베네수엘라와 말레이시아 등 개발

도상국)

- 상품이 풍부한 국가의 부동산을 매수한다.[165] (캐나

  다, 뉴질랜드, 호주, 칠레 등 상품이 풍부한 국가의 토지)

- 투자 상품의 정보를 주기적으로 제공하는 상품 풀

  운영자(Commodity Pool Operators, CPO)의 포트폴리

  오를 참조하거나 현재 운용되고 상품 펀드에 투자

  한다.

이런 간접적인 투자 방식 외에도 차액 결제 거래Contracts for

Difference(CFD), 상품 채무 증서 및 상품 옵션 등 상품에 투

자할 수 있는 방법은 다양하다. 상품 시장은 높은 변동성,

레버리지 리스크, 추가 증거금 지불 의무 때문에 초보자가

도전하기에는 위험한 시장이다. 로저스는 상품 시장에 익

숙해질 시간을 충분히 가지라고 권유한다. "최신 뉴스를

따라가고, 중개인과 대화하고, 대화 내용을 이해하기 위해

선물 거래 용어를 배우는 일이 중요하지 않은 것은 아니다.

하지만 업계 용어에 너무 집착할 필요는 없다. 주식 은어와

약어를 몰라도 주식에 투자할 수 있는 것처럼, 선물 거래의 기본 용어를 몰라도 상품에 투자할 수 있다."[166] "상품 인덱스 펀드에 가입하든, 직접 거래를 하든 상품에 투자하고 싶다면 상품 시장이 어떻게 돌아가는지는 알아야 한다. 그리고 상품 시장을 공부하는 것은 다른 투자 시장을 이해하는 데도 큰 도움이 된다. 왜냐하면 모든 투자의 근본은 결국 눈에 보이는 상품에서 비롯되기 때문이다."[167]

여행을 많이 하고 세계를 관찰하라.

시야가 몇 배나 넓어질 것이다.

자기 자신에 대해 가장 깊이 이해할 수 있는 방법은

바깥으로 나가 세상을 직면하는 것뿐이다.[168]

왜 한 나라에만
투자해야 하는가

글로벌 투자

로저스는 그 어떤 투자가들보다 여행을 많이 한 것으로도 유명하다. 그는 두 차례에 걸친 세계 일주 경험을 책으로 펴냈는데 두 권 모두 세계적인 베스트셀러가 됐다.『월가의 전설 세계를 가다』와『짐 로저스의 어드벤처 캐피털리스트』에서 그는 자신의 여행담을 생생하게 묘사했다. "나는 중국, 아프리카, 남아메리카 등 아직 미지에 가려진 세계에 대해 더 알고 싶었다. 그리고 기회가 된다면 그곳에 유망한 주식 종목들을 찾고 싶었다. 이미 나는 오스트리아,

보츠와나, 페루 같은 시장에서 돈을 벌어봤다. 이제 새로운 곳에서 다시 도전하고 싶었다."[169]

로저스는 남아프리카에 있는 나미비아에 체류하는 동안 일어난 투자 실패담도 소개했다. "나미비아의 온당와에서 밀수꾼이 나에게 말을 걸어왔다. (…) 앙골라산 다이아몬드를 밀수했는데 남아프리카의 요하네스버그에서 1캐럿당 500달러에 팔렸다고 했다. (…) 그는 자신이 가지고 있는 다이아몬드가 7만 달러의 가치가 있다고 자랑하며 사정이 생겨 급히 처분해야 한다고 말했다. 나는 흥분을 애써 억누르며 그에게 500달러를 주고 다이아몬드를 샀다. 얼마 후 탄자니아에서 다이아몬드상에게 은밀히 내 물건을 보여줬는데, 그는 내가 산 것이 다이아몬드가 아니라 유리로 만들어진 가짜라고 했다."[170]

이런 실수에도 불구하고 로저스는 전 세계를 돌아다니며 돈으로 측정할 수 없는 수많은 투자의 기회를 모아나갔다. 그 비결은 무엇이었을까? 그의 투자 좌우명은 이것이었다. "투자자라면 마땅히 투자할 나라를 직접 관찰해야 한다. 신문이나 잡지의 기사를 읽는 것으로는 충분하지 않다. 당신이 직접 그 나라를 여행하고 그곳에 외환 암시장이 있는지 직접 확인해봐야 한다. 외환 암시장이 성행 중이라면 이는 그 나라의 경제에 어딘가 심각한 문제가 있다는 뜻이다."[171]

한 나라의 경제적 잠재력을 평가하는 기준은 각 정부의 정책 안정성과 인프라 지원 능력이다. 로저스는 한 국가의 시장을 평가할 때 늘 이런 질문들을 스스로에게 던졌다.

- 그 나라는 법을 존중하는 분위기인가?
- 부패가 만연하지는 않은가?
- 법률 시스템이 윤리적인 기업 활동을 지원하는가?[172]

로저스는 확실히 남들과는 다른 방식으로 정보에 접근했다.[173] "나는 한 나라의 정부 각료들보다 사창가의 포주나 암거래상과 대화하면서 그 나라에 대해 더 많은 것을 알게 됐다. 한 나라를 이해하려면 뒷골목부터 가봐야 한다."[174]

로저스는 자신이 방문했던 나라에 어떤 식으로든 반드시 투자했다. 온라인 주식 거래가 불가능한 아프리카에 있는 나라일 경우 아예 현지에 날아가 해당 국가의 은행에서 계좌를 개설했다. 그는 이런 방식으로 투자한다. "국제 시장, 특히 신흥국에 투자할 때 내 기본 원칙은 그 나라에서 가장 큰 은행에 주식 계좌를 개설하는 것이다. 혹여 은행이 파산할지도 모른다고 걱정할 수 있다. 그러나 파산한 은행은 정부가 인수하기 때문에 투자한 자본을 모두 잃을 일은 없다."[175]

생각보다 많은 사람이 하나의 시장, 특히 자국 시장에만 투자를 하고 있다. 이는 앞으로 펼쳐질 무한한 잠재력을 스스로 제한하는 꼴과 같다. 전 세계에 투자하는 사람은 리스크를 효과적으로 분산시킬 수 있다. 국내 시장이 침체되어 있을 때 호황인 해외 시장에서 수익을 얻을 수 있기 때문이다. 반대일 경우에도 돈을 벌 수 있다. 게다가 오늘날의 시장은 디지털 기술의 발달과 유통 시스템의 혁신으로 국경이라는 것이 사라진 지 오래다.

현재 로저스는 미국의 아마존·애플·알파벳, 스위스의 ABB·네슬레, 프랑스의 미쉐린·푸조, 네덜란드의 하이네켄·필립스, 영국의 이지젯·디아지오, 한국의 삼성·현대, 일본의 토요타·캐논 같은 기업들을 오래전부터 주목해왔으며 적지 않은 돈을 꾸준히 투자하고 있다.

중국에서도 경제 붕괴는 일어날 것이다.

셀 수 없이 많은 파산 사태도 벌어질 것이다.

하지만 나는 중국에 투자할 것이다.

이미 너무나 많이 내려가 있기 때문이다.

미래는
중국에 있다

H주식과 S주식

짐 로저스는 주식 역사에 길이 남을 상품 투자의 선구자일 뿐만 아니라, 중국 경제의 열렬한 팬으로도 유명하다. "앞으로 중국이 세계 최대 강국이 될 것이다"라는 말에서 그의 신조를 읽을 수 있다.[176] "중국은 30년이 넘는 시간 동안 세계에서 가장 빠른 속도로 성장한 국가다. 13억 인구의 저축률과 투자율은 35퍼센트를 넘었고 전 세계에서 외환 보유고가 가장 많은 나라가 중국이다. 중국은 인류의 미래에서 가장 중요한 국가가 될 것이다."[177] "중국인들은 스스

로 공산주의자라고 하지만, 중국인들이야말로 세계 최고의 자본주의자다. 중국인들은 역사적으로 아주 오랫동안 상거래 활동을 해왔기 때문이다."[178] "만일 중국이 주식 시장에 상장된 대기업이라면? 나는 그 기업을 내실이 튼튼한 저평가 기업이라고 평가할 것이다."[179]

이처럼 로저스는 중국의 가능성을 높이 평가했기 때문에 두 딸을 영어와 만다린어가 모두 가능하도록 키웠다. "나는 중국이 조만간 미국을 능가하는 경제 대국으로 성장할 것이라고 확신하기 때문에 2003년에 태어난 내 딸 해피에게 중국어로 된 동화책을 읽혔다."[180] 둘째 딸이 태어난 후 2008년에 로저스 가족은 영어와 만다린어가 공용으로 사용되는 싱가포르로 이민을 갔다.

로저스는 여러 차례 중국을 여행했고, 그때마다 중국과 중국인들의 급격한 성장에 매료됐다. "중국에 갈 때마다 생전 처음 와보는 나라인 것 같았다."[181] 그는 싱가포르로 이주하기 직전인 2007년 『불 인 차이나』를 썼다. "중국은 투자하기에 상대적으로 안전한 국가다. 투자 리스크 전문 분석 업체인 '폴리티컬 리스크 서비스 그룹Political Risk Service Group'의 분석에 따르면 중국은 2001년부터 리스크가 가장 적은 국가 중 하나에 속했다."[182]

그는 중국의 경제와 기업에서 엄청난 잠재력을 봤다. "내가 중국 시장에 대해 확신을 갖는 이유는, 아직 시작 단계이지만 무한한 잠재력을 가지고 있는 막강한 기업들이 많기 때문이다."[183] 중국의 정치 지도자에 대해서는 매우 실용적인 관점을 보였다. "마오쩌둥이 사망한 이후 중국에는 더 이상 독재자가 존재하지 않는다."[184] "흔히 중국의 정치 시스템이 권위적이고 비효율적이라 오해하는 사람들이 있는데, 이는 사실과는 전혀 다르다. 중국은 부조리와 부패를 방지하기 위해 경제 관료나 주요 기업의 임원들을 일정 기간 후 교체시킨다."[185]

몇 년 전부터 개인 투자자들도 중국 본토의 증권거래소인 상하이증권거래소SSE와 선전증권거래소SZSE에서 중국 주식(이른바 'A주식'과 'B주식')을 매수할 수 있게 됐다. 하지만 중국 시장이 처음인 투자자라면 간접 경로를 통한 매수를 추천

한다. 홍콩증권거래소SEHK에서 '프로젝트 스톡 커넥트Project Stock Connect'를 통해 중국 본토의 두 주식거래소와 거래하는 방법이 있다. 이미 중국의 많은 기업이 홍콩증권거래소(H주식)나 싱가포르증권거래소(S주식)에 상장되어 있다. 알리바바Alibaba, 텐센트Tencent, 레노버Lenovo, 중국남방항공China Southern Airlines, JD, NIO 등 중국 대기업 주식은 한국 증권사에서도 100주 단위로 매수할 수 있다. 이 방법이 번거롭다면 홍콩 항셍 지수Hang Seng Index(HSI)를 반영한 인덱스 펀드나 ETF를 매수하는 것도 한 방법이다. 다만 중국 주식을 매수할 때는 거래 시 발생하는 각종 수수료와 세금뿐만 아니라 환율 리스크도 고려해야 한다.

홍콩의 주식거래소는 유럽의 주식거래소만큼 투명하고 독립적이지만, 중국 본토의 상하이증권거래소나 선전증권거래소는 조금 다르다. 중국 정부가 증시에 정기적으로 개입하며 단기적으로는 새로운 기업을 상장시키기도 한다. 그리고 상장기업이 아무 발표 없이 몇 주 만에 사라지기도 한다. 게다가 시장의 거래량 및 주가 변동에 대해 정부가 나서서 엄격하게 통제하고 있다.

부록

짐 로저스의 12가지 글로벌 투자 원칙

더 클래식 짐 로저스 연대표

더 클래식 투자 용어 사전

짐 로저스의 12가지 글로벌 투자 원칙

1. 언제나 넓은 스펙트럼의 투자 가능성을 활용하라. 주식 시장의 상황이 좋지 않으면 상품과 부동산 등 다른 시장도 살펴보자.

2. 악재를 전화위복의 기회로 삼자. 주식 시장의 거품이 터지고 주가가 장기 하향세를 보일 때는 공매도를 고민해보자. 약세장에서도 수익을 올릴 수 있을 것이다.

3. 수익을 올릴 가능성이 있는 투자 대상을 찾을 때는 먼저 '거시적 안경'을 쓰고 매력적인 성장 시장을 체계적으로 관찰하자. 미래 동향에 대한

정보를 충분히 수집하고 어떤 기업, 국가, 기관이 이 트렌드의 혜택을 볼 것인지 고민해보자.

4. 미래 시장에서 유망한 투자 대상을 찾았다면 개별 사안에 대해 정확하게 분석하자. '미시적 안경'을 쓰고 구체적인 투자와 관련된 모든 정보와 기본 데이터 수치를 찾고 샅샅이 검토하자.

5. 동료, 친구, 인터넷의 투자 조언을 맹목적으로 믿지 말자. 당신의 흥미를 끄는 투자 대상이 있다면 최대한 정확하고 꼼꼼하게 체크해야 한다.

6. 잠재적인 투자 대상을 분석하는 데 많은 시간을 투자하자. 인생과 마찬가지로 투자에서도 노력 없이 주어지는 대가는 없다! 인터넷에서 찾을 수 있는 모든 자료를 검토하고 그것이 정확한지 이중으로 확인한다.

7. 현재의 투자 트렌드만 따르지 말고 대세에 역행할 줄도 알아야 한다. 아직 다수가 손대지 않는 시장에서 투자 대상을 찾아보자. 파산 직전의 기업을 분석해보자. 이 기업이 턴어라운드할 가능성이 있는가? 그렇다면 투자하라.

8. 모두가 주식을 매도하는 패닉장일 때는 주식을 매수하고, 모두가 매수하는 과열장일 때는 매도하라.

9. 상품 시장도 항상 눈여겨보라. 특히 주식 시장이 약세일 때 큰 수익을 올릴 기회가 될 수 있다.

10. 해외 주식의 투자 가능성도 살펴보자. 이웃 국가는 물론이고 먼 국가에도 당신의 돈을 투자할 만한 흥미로운 기업들이 넘쳐흐른다.

11. 중국 시장에 대한 투자를 고민해보라. 중국은 엄청난 발전 잠재력을 가지고 있는 나라이며 몇 년 전부터 서구권 국가의 개인 투자자들에게 시장 개방을 강화하고 있다.

12. 우리는 더 넓은 세계로 나아갈 수 있다. 인식의 틀을 국가가 아니라 늘 전 세계에 맞추고 있어라. 당신은 생각보다 더 뛰어난 투자자다.

더 클래식 짐 로저스 연대표

1942년　출생

화학 공장을 운영하는 제임스 빌랜드 로저스 시니어와 그의 아내 에른스타인 브루어 로저스의 다섯 아들 중 첫째로 앨라배마에서 태어났다.

1948년　첫 사업 시작

아버지로부터 100달러의 투자를 받아 땅콩 볶는 기계를 구입, 지역 야구 리그가 열릴 때마다 땅콩과 음료를 판매해 수익을 냈다. 얼마 지나지 않아 동생들과 친구들을 고용해 사업을 확장했고, 5년 후에는 아버지의 투자금 100달러를 갚고도 100달러의 순수익이 남았다.

1960년   예일대학교 입학

전교 성적 1등으로 고등학교를 졸업한 로저스는 4년 장학금을 받고 예일대학교에 입학했다. 예일대학교는 고향 앨라배마로부터 1600킬로미터나 떨어진 곳으로, 언제나 더 넓은 세상을 갈망했던 로저스가 처음으로 만난 '바깥세상'이었다.

1964년   영국 발리올칼리지 입학

1964년   월스트리트 진출

당장 생활비가 급했던 로저스는 급하게 일자리를 찾다가 미국의 오래된 투자 회사 '도미니크 앤드 도미니크'에 인턴으로 취업해 근무하게 된다.

1966년   장교로 군 복무

베트남 전쟁 중 로저스도 징집되어 뉴욕 브루클린의 군사 기지 포트해밀턴에서 2년간 근무했다. 이때 그는 장교 클럽을 관리하면서 사령관들을 위해 주식 투자를 했다. 군을 떠날 때 사령관으로부터 투자금과 수익금을 현금으로 돌려받았는데, 당시로서는 상상할 수 없을 만큼 큰돈이었다.

1968년 월스트리트 복귀

제대 후 월스트리트로 복귀해 바슈 앤드 컴퍼니, 딕 글리더, 뉴버거 앤드 버먼에서 일했다.

1970년 첫 번째 투자 실패

공매도에 잘못 손을 댔다가 모든 재산을 날렸다. 다행히 그는 두 번 다시 같은 실수를 범하지 않았다.

1970년 조지 소로스와의 만남과 퀀텀 펀드의 시작

블리히뢰더에 입사하며 만난 조지 소로스와 투자사를 창업한다. 모든 시대를 통틀어 최고의 수익률을 기록한 헤지펀드 '퀀텀 펀드'가 탄생한 순간이었다. 이들이 운용한 퀀텀 펀드는 1970년

1200만 달러로 출발해 불과 10년 만에 운용액이 2억 5000만 달러로 20배 넘게 증가한다.

1980년 **퀀텀 펀드 하차**

남의 인생이 아니라 자신의 인생을 살겠다고 선언한 로저스는 불과 서른일곱 살의 나이에 퀀텀 펀드에서 하차한다.

1986년 **오토바이 여행 그리고 세계 일주**

여행을 좋아하던 그는 1986년과 1988년에 각각 미국과 중국으로 오토바이 여행을 떠났다. 중국 여행 직후에는 파키스탄부터 인도에 걸쳐 무려 8000킬로미터를 오토바이로 달리기도 했다. 1990년에는 오토바이를 타고 세계일주를 하겠다는 꿈을 실행에 옮긴다.

1988년 **컬럼비아 경영대학원 교수 선임**

어느 날 파티에 참석했다가 컬럼비아 경영대학원의 초빙 교수직을 제의받고는 대학교 고학년

생들을 대상으로 투자 실무 강의를 시작한다. 1988년 정교수직을 제의받고 이 제의를 수락하지만, 아쉽게도 정교수직에서는 1년 만에 물러난다. 로저스는 지금까지도 이때를 '인생에서 가장 영광스러운 순간'이었다고 회상한다.

1988년 중국 투자

오래전부터 중국의 발전 가능성을 눈여겨본 그는 "인류 역사에서 여러 번 패권을 쥔 문명은 중국뿐이었다"라고 말하며 저평가된 중국 주식을 대규모로 매수하기 시작했다.

1998년 로저스 국제 상품 지수 설립

농산물 등 세계 원자재 자원의 미래에 주목한 로저스는 원자재의 소비량과 거래량을 중심으로 움직이는 독자적인 지수를 만들었다.

2002년 각종 경제 방송 출연

《폭스뉴스》를 비롯한 여러 경제 방송에 고정 게

스트로 출연하기 시작한다. 그는 미국 부동산 시장이 붕괴되어 초래된 금융위기 때 앨런 그린스펀 연방준비제도이사회 의장의 대응이 미국의 가계부채 버블을 붕괴시킬 것이라고 지적했는데, 이는 실제로 얼마 뒤 실현되었다.

2003년   도서 출간

『어드벤처 캐피탈리스트』, 『월가의 전설 세계로 가다』 등 자신의 투자 모험담을 엮은 책을 출간하며 '투자계의 인디자이나존스'(《타임스》)라는 별명을 얻는다.

2008년   싱가포르 이주

장래 전망이 가장 좋은 곳에서 딸들을 키우고 싶었던 로저스는 가족과 함께 싱가포르로 이주한다.

2017년   KBS 「명견만리」 "투자왕, 짐 로저스의 경고" 출연

| 2019년 | 부산대학교 명예박사 학위 |

더 클래식 투자 용어 사전

A주식

상하이증권거래소와 선진증권거래소에서 중국의 통화 런민비人民幣로 거래되는 중국 기업의 주식을 일컫는다. 원래 외국인들은 B주식에만 투자할 수 있었는데, 중국의 외국인 투자자들에 대한 금융 규제가 대폭 완화된 이후 외국인들도 엄격한 감독 아래에서 A주식을 거래할 수 있게 되었다.

B주식

중국 본토의 상하이증권거래소와 선진증권거래소에서 거래되는 주식 중 하나. A주식이 중국의 통화 런민비로 거래되는 반면, B주식은 상하이에서는 US 달러로, 선전에서는 홍콩 달러로 거래된다. 외국인 개인 투자자들은 B주식에 투자할 수 있다.

H주식

홍콩증권거래소에서 거래되는 중국의 주식 중 모든 투자자에게 거래가 허용된 주식을 일컫는다. 홍콩 달러로 거래된다.

S주식

싱가포르증권거래소에서 거래되는 중국의 주식. 모든 투자자에게 거래가 허용된다.

가치 상승형 펀드

특정한 투자 철학에 얽매이지 않고 자유롭게 구성된 펀드. 피터 린치의 마젤란 펀드가 대표적인 가치 상승형 펀드다.

가치투자

증권 분석의 한 방법으로, 기본적 분석의 변형이다. 가치투자자들은 가격(주가)이 한 기업의 내재가치보다 낮을 때 투자한다. 일반적으로 이런 기업의 주가수익비율은 낮고 배당수익률은 평균치보다 높다. 가치투자자의 목표는 저평가된 기업을 골라 투자하는 것이다. 가치투자는 1930년대에

미국의 투자가 벤저민 그레이엄과 데이비드 도드가 개발
했다.

공개 매수

특정 기업에 대한 통제권을 얻을 목적으로 주식을 대량으
로 매수하는 행위. 기업에 대한 통제권은 해당 기업 주식의
30퍼센트 이상을 매수하면 얻을 수 있다.

공매도

매도 시점에 시장 참여자들의 소유 상태가 규정되지 않은
상태에서 주식, 상품, 외환 등이 매도되는 경우를 일컫는
다. 일반적으로 나중에 더 낮은 가격으로 주식을 매입하려
는 투자자들이 공매도를 이용한다.

관리 수수료

운용되고 있는 투자 펀드에 대해 펀드 소유주에게 매년 부
과되는 수수료를 말한다. 이 수수료는 펀드 자산에서 공제
되므로 그만큼 펀드 수익도 줄어든다.

국가 펀드

특정 국가의 기업에 투자하는 펀드. 수익률 변동 폭이 크지 않아 국가 펀드 투자자들은 인내심이 필요하다. 반주기적 매도에 치우치는 경향이 있으며 일반적으로 수수료가 높은 편이다. 환율 리스크가 결코 적지 않다는 것에도 유의해야 한다.

글로벌 주식 예탁증서

'GDR(Global Depository Receipts)'라고도 불린다. 증시에서 주식을 대리 거래할 수 있도록 허용하는 채무 증서 혹은 예탁 증서를 일컫는다. 미국 예탁증서와 마찬가지로 주식을 수탁하고 있는 금융기관에서 발행하지만, 글로벌 주식 예탁증서는 비미국계 금융 기관에서 발행한다는 점에서 다르다. 미국 예탁증서는 국내 증시에 상장되지 않은 해외 주식을 거래할 때 사용되는 대체 증권이다.

금융 지표

한 기업의 경제적 성과를 평가하는 모든 경영 지표를 말한다. 대표적인 예로 배당수익률, 자기자본비율, 자기자본수익률, 주가수익비율, 주가장부가치비율, 주가현금흐름비율, 주가매출비율 등이 있다.

기본적 분석

대차대조표 수치, 주가수익비율, 배당수익률 등 경영에 관한 기본 데이터를 바탕으로 기업을 평가하는 분석법.

기술적 분석

주식 시세를 중심으로 주가의 미래 가치를 분석하는 방법으로, 여기에서는 차트 분석을 의미한다. 과거 시세를 바탕으로 향후 주가 동향을 귀납적으로 추론한다.

기업 공개

주식회사가 주식 시장에 처음 상장하거나 첫 매도하는 것을 의미한다. 'IPO(Initial Public Offering)'라고도 불린다.

내재가치

대차대조표 혹은 금융 지표 분석을 바탕으로 평가된 한 기업의 가치. 내재가치는 자기자본과 숨은 자산의 합을 주식의 수로 나눈 것이다. 내재가치가 현재 주가보다 (월등히) 높을 때 주식은 저평가된 것으로 평가할 수 있다.

다우존스 산업 평균 지수

약칭 '다우지수'로 불리며 미국 투자 시장을 대표하는 주가지수다. 세계에서 가장 오래된 주가지수로, 1884년 찰스 다우가 산출했다. 참고로 미국 30대 상장 기업의 평균 주가지수인 다우지수는 주가지수가 아니라 시세지수다. 다우존스 산업 평균 지수는 배당금의 영향을 받지 않는다.

대차대조표

특정 시점 한 기업의 자산 상태를 비교해 놓은 표를 의미한다. 대차대조표의 차변에는 지출 내역을, 대변에는 자본의 출처를 기록한다. 모든 주식 투자의 기본 데이터로 활용되는 매우 중요한 지표다.

대형주

시가총액과 주가가 두루 높은 대기업 주식. 동의어로 '블루칩'이 있다.

데이비드 도드

미국의 경제학자이자 투자가. 벤저민 그레이엄과 함께 컬럼비아대학교에서 가치투자 전략을 연구했다.

독일 종합주가지수

'독일 닥스 지수'라고도 불린다. 프랑크푸르트 증시에 상장된 기업 중 30대 기업을 대상으로 구성된 종합주가지수로, 세계 투자 시장에서 네 번째로 규모가 큰 독일 증시의 동향을 판단하는 지표다.

레버리지 상품

외부 자본을 투입하면 자기자본수익률이 높아질 수 있다. 투자 영역에서는 레버리지 효과는 소위 파생상품, 선물, 옵션, 레버리지 채무 증서 혹은 차액 결제 거래 등을 통해서 얻을 수 있다. 기준가가 원래 예상했던 방향대로 발전하면 상승 쪽으로 기울고, 기준가가 예상했던 것과 반대 방향으로 발전하면 손실 쪽으로 기운다.

로저스 국제 상품 지수

약칭 'RICI(Rogers International Commodity Index)'라고 불린다. 로저스가 1998년 8월 1일에 산출한 원자재 지수다. 그는 이 지수에 전 세계 원자재 가격 변동의 기준이 되는 38개의 원자재를 포함시켰다. 로저스 국제 상품 지수에 포함되는 원자재 선택과 중요도는 매년 바뀐다.

롤오버 손실

선물 투자를 하다가 기간이 만료되어 연장할 경우 기간이 긴 선물을 새로 매입해야만 한다. 이 과정을 '롤오버'라고 한다. 일반적으로 기간이 긴 선물은 오래된 선물보다 더 비싸다. 선물의 기간을 연장할 경우 롤오버 손실이 발생할 수 있다.

마켓 멀티플

특정 주가지수의 평균주가수익비율을 말한다. 예를 들어 다우지수의 마켓 멀티플은 지난 약 30년간 평균 18을 기록했다.

미국 예탁증서

'ADR(American Depository Receipts)'라고 불린다. 증시에서 주식을 대리 거래할 수 있도록 허용하는 채무 증서 혹은 예탁 증서를 말한다. 주식을 수탁하고 있는 미국의 금융 기관에서 발행한다. 국내 증시에 상장되지 않은 해외 주식을 거래할 때 사용되는 대체 증권으로 활용되기도 한다.

미국 증권거래위원회

줄여서 'SEC(Securities and Exchange Commission)'라고 부른다. 워싱턴 D.C.에 있으며 미국의 주식 시장을 감독하는 기관이다.

발행 수수료

투자 펀드를 발행할 때 처음 한 번 부과되는 매입 수수료를 일컫는다.

발행인(발행기관)

유가증권(기업, 은행, 보험, 국가)을 발행하는 사람 혹은 기관을 말한다. 발행된 유가증권은 주식이 될 수도 있고 채권이 될 수도 있다.

배당금

수익에 참여하는 행위에 대한 대가. 규모와 지급 횟수 등은 주식회사의 주주총회에서 결의한다. 독일에서는 1년에 1회 배당금을 지급하는 것이 일반적이나, 미국에서는 1년에 4회 배당금을 지급한다. 배당금 지급일에 주주는 반드시 해당 주식을 보유하고 있어야 한다.

버나드 바루크

미국의 금융가이자 주식 투자자, 정치 자문, 자선가였다. 뉴욕 증시에서 성공하면서 그는 '월스트리트의 왕'으로 알려졌다. 바루크는 미국의 여러 대통령의 정치 자문을 담당했을 뿐만 아니라, 윈스턴 처칠 영국 총리 내각에서도 잠시 일했다.

법인

고유한 권리능력을 갖는 조직(기업이나 기관 투자가 등)을 말한다. 이때의 법인은 자연인에 대비되는 개념이다. 예를 들어 주식회사도 일종의 법인이다.

베어 마켓

마치 곰이 하염없이 엎드려 잠을 자듯 하락세가 지속되는 장을 일컫는다. '약세장'이라고도 한다.

벤저민 그레이엄

미국의 경제학자이자 투자자다. 데이비드 도드와 함께 뉴욕 컬럼비아대학교에서 기본적 분석을 개발했다. 훗날 투자의 대가가 되는 존 템플턴과 워런 버핏도 당시 그의 제자였다.

보통주

보통주 소유주는 정기 주주총회에서 발언권을 갖는다. 발언권이 없는 주식을 우선주라고 한다.

부채율

한 기업의 자기자본에 대한 외부자본 비율을 일컫는다. 부채율이 2라는 것은 그 기업의 외부자본이 자기자본의 2배라는 뜻이다.

분산투자

투자 원금의 손실 위험을 줄이기 위한 투자법이다. 투자자들은 자신이 보유하고 있는 투자 자금을 다양한 주식이나 채권, 펀드 등의 투자 유형으로 분산시켜 증시가 어떻게 변하더라도 한꺼번에 악화되지 않도록 대비한다. 그러나 워런 버핏은 지나치게 광범위하게 분산투자하는 전략은 투자수익률을 떨어뜨린다며 거듭 경고한 바 있다.

불 마켓

마치 황소가 돌진하듯 상승세가 지속되는 장을 일컫는다. '강세장'이라고도 한다.

브로커

고객에게 주식을 매수하거나 매입하는 주식 중개인을 말한다. 투자 은행에서 고객을 위해 유가증권을 관리하거나 고객의 요청 사항을 처리하는 이들에게도 같은 명칭을 사용한다.

블루칩

대형 주식회사 중에서도 매출이 높은 주식을 블루칩이라고 한다.

상장지수펀드

‘ETF(Exchange Traded Funds)’라고 불린다. 자산 구조가 지수를 기준으로 구성되고 평가되는 투자 펀드를 말한다. 상장지수펀드 관리는 큰 규모의 분석팀 없이 가능하기 때문에 관리 비용이 저렴하다. 상장지수펀드는 거의 모든 투자 유형에 적용할 수 있다. 상장지수펀드로 투자자들은 주식, 원자재, 채권, 파생상품 등에 손쉽게 투자할 수 있다.

상품가격연동증권

‘ETC(Exchange Traded Commodities)’라고도 부른다. 유가증권을 발행하는 기관에서 기간 제한 없이 발행하는 채권 증서로, 항상 상품과 관련이 있다. 예를 들어 귀금속 상품가격연동증권은 금을 기준가로 삼는다. 유가증권거래소에서 거래된다.

선물

지정된 분량의 상품을 구체적인 가격과 정해진 기간 내에 매수 혹은 매도한다는 내용을 합의한 일종의 계약서다. 주식 시장에서 거래되는 선물을 '금융 선물'이라고 한다.

상향식 접근 방식

기업이나 주식을 분석할 때 전반적인 경제 동향과 시장 진단의 영향을 받지 않고 주식 그 자체의 가치와 미래 전망 등에만 집중하는 분석 방법. 이런 방식을 따르는 투자자들을 '보텀업 투자자'라고 부른다.

성과지수

자본 변동이나 배당금 규모를 반영해 평가하는 지수. 성과지수의 대표적인 예가 '닥스 지수'다. 성과지수에 대응되는 개념을 시세지수라고 한다.

성장형 펀드

주로 평균 이상의 실적을 달성하고 강한 성장 잠재력을 제공하는 기업의 주식에 투자한다. 대표적인 예로 '템플턴 그로스 펀드'가 있다.

섹터 펀드

석유 산업, 자동차 산업, 소비재 산업 등 특정 업종에만 투
자하는 펀드.

소형주

시가총액 및 주가가 낮은 소기업 주식을 말한다.

수익

수익의 종류에도 여러 가지가 있다. 자기자본수익은 투입
된 자기자본에 대한 이자를 말하고, 총수익은 투입된 자기
자본과 외부자본에 대한 이자를 말한다. 매출수익은 일정
기간 동안의 수익을 백분율로 나타낸 것이다.

수익률

이자 수입이나 투자 수익을 원금으로 나눈 값이다.

스탠더드앤드푸어스 500 지수

약칭으로 'S&P 500(Standard & Poor's 500) 지수'으로 부른다. 미국 주식 시장을 대표하는 지수다. 미국 500대 기업의 주가를 반영시켜 산출하며, 다우존스 산업 평균 지수와 마찬가지로 미국 경제 상태를 정확하게 반영하고 있다.

스톡피커

상장 기업 혹은 상장 기업의 주식을 계획적으로 투자하는 투자자들을 일컫는다.

스프레드(가산금리)

유가증권을 매수하거나 매도할 때 시세의 차익을 말한다.

시가총액

상장된 특정 기업 주식의 총 평가액을 말한다. 시가총액은 주가와 유통 주식 수를 곱하여 산출한다.

시세지수

성과지수와 달리 주식 그룹의 시세 동향만을 나타낸다. 시세지수에는 자본 변경 이력이나 배당금 규모 추이 등은 반영되지 않는다.

실적

주식, 투자 펀드, 상장 기업에 대한 자금 투자의 모든 시세 변동을 나타내는 개념이다.

아웃퍼포먼스

업계 평균치 혹은 각 시장의 일반적인 지수, 인덱스 펀드의 평균 수익률보다 훨씬 높은 주가 변동 추이를 말한다.

안전마진

주식을 매수할 때 손실 위험을 방어하는 쿠션. 가치투자자들은 안전마진을 확보하기 위해 늘 투자하기 전에 해당 투자 기업의 내재가치를 추정한다. 가치투자자들은 내재가치에 비해 주가가 약 20~25퍼센트 이상 저렴할 경우 안전마진이 확보되었다고 평가한다.

액면분할

고가의 주식을 외관상으로 매력적으로 보이게 하기 위한 조치다. 주식의 액면가를 분할하는 것이므로 주식 수는 증가하지만 자본금은 동일하다. 액면분할을 하면 주가가 하락한다. 주가가 낮아지기 때문에 신규 투자자들에게는 진입 장벽이 낮아진다. 기존 주주들은 액면분할로 무상증자를 하지만, 주식의 가치는 동일하다. 액면분할로 주식의 수가 두 배로 늘어나는 경우 기존의 주주들은 두 배의 무상증자를 하는 셈이다.

연금기금

법적으로 독립적인 기관으로, 한 명 이상의 고용인이 피고용인에게 기업의 자본으로 운용되는 노령연금을 지급하도록 되어 있다. 피고용인은 연금기금에 지급을 청구할 권리를 갖는다. 연금기금은 평생 분할 지급받거나 일시금으로 지급받을 수 있다. 독일에서는 연금기금의 최대 90퍼센트를 주식에 투자할 수 있다. 연금기금으로 채권, 투자 펀드, 부동산, 채무 증서 등에 제한 없이 투자할 수 있다. 연금기금을 잘 활용하면 투자에서 큰 이득을 볼 수 있다.

외부자본

한 기업의 채무와 예비비로 구성된다. 쉽게 말해 대출, 저당 등을 뜻한다. 한 기업에 제공하는 모든 외부 자본을 뜻한다. 대차대조표에는 채무로 기입된다. 외부자본에 대비되는 개념은 자기자본이다.

우선주

수익 분배에 우선권을 갖는 주식으로 보통주보다 할당되는 배당금이 많다. 그러나 우선주 소유주는 정기 주주총회에서 발언권이 없다.

우호적 매수

공개 매수 계획 발표 전에 매수자와 피매수자가 합의에 도달한 경우를 뜻한다.

워런 버핏

미국의 가치투자자이자 대부호다. 투자사 버크셔해서웨이를 설립했다. 버크셔해서웨이의 'A주식'은 전 세계에 상장된 주식 중 가장 시세가 높다.

원자재 지수

원자재 시장이나 각 원자재 영역의 가격 변동을 나타낸 지수를 일컫는다. 잘 알려진 원자재 지수로는 로저스 국제 상품 지수 등이 있다.

이사회

주식회사의 세 조직 가운데 하나다. 주식회사 이사회의 핵심 업무는 기업을 관리하고 법정과 법정 외에서 기업을 대표하는 것이다.

인덱스 펀드

다우 존스 등 주가지수를 모방하는 주식 펀드를 말한다. 현재는 대개 상장지수펀드라는 의미로 사용된다.

잉여현금흐름

투자에 당장은 필요하지 않은 현금흐름을 일컫는다.

자기자본

한 기업의 자기자본은 기업의 자산에서 부채를 공제한 것이다. 달리 표현해 자기자본은 창업자가 기업에 투자한 자본과 기업 활동을 통해 벌어들인 모든 수익을 말한다. 자기자본에 대비되는 개념은 외부자본이다.

자기자본비율

한 기업의 총자본(대차대조표 총액)에 대한 자기자본의 비중을 나타내는 금융 지표다. 자기자본비율은 한 기업의 자본 구조와 기업의 신뢰성에 관한 정보를 제공한다. 권장되는 자기자본비율은 업종에 따라 다르다.

자기자본수익률

관찰 기간 동안 한 기업의 자기자본에 얼마나 많은 수익이 발생했는지 알려주는 지표. 수익을 자기자본으로 나눈 값이다.

자본

한 기업의 자본은 자기자본과 외부자본으로 구성된다. 대차대조표에서 부채라고 표현한다.

장부가치

한 기업의 자산 가치(현재 자산)에서 부채를 차감한 것이 장부가치다.

장외 거래

장외에서 주식을 거래할 경우에 사용되는 개념이다. 'OTC'라고도 불리는데, OTC는 영어로 'Over The Counter'약자다. 이는 '계산대 뒤에서'라는 뜻이다.

재무상태표

한 기업의 모든 재무 현황을 일목요연하게 정리한 문서.

적대적 매수

이사회, 감독위원회, 종업원의 사전 합의 없이 이뤄지는 주식회사의 공개매수.

전환 사채

채권의 일종으로, 주식회사에서 외부 자금을 조달할 목적으로 발행할 수 있다. 전환 사채의 보유자는 정해진 기간에 해당 기업의 주식으로 전환할 수 있다. 주식으로 전환하지 않으면 채권과 동일하다.

정기 주주총회

법으로 정해진 주주들의 모임으로, 한 기업의 보통주 보유자는 누구나 이사회의 초청을 받아야 한다. 정기 주주총회는 1년에 한 번 개최된다. 특별 안건이 있는 경우 임시 주주총회 소집도 가능하다. 정기 주주총회에서 이사회와 감독위원회, 이른바 주식회사 이사회의 업무 집행이 승인되고, 수익 사용이나 정관 결정을 결의한다. 증자, 인수 등 중차대한 사안을 협의한다.

정크 본드

'쓰레기 채권'이라는 뜻으로 원리금 상환 불이행의 위험이 큰 채권을 말한다. 재정 상태가 취약해 은행의 대출 승인을 받을 수 없는 기업들이 정크 본드를 발행한다. 리스크가 높기 때문에 일반적으로 금리가 높다.

존 템플턴

템플턴 그로스 펀드를 설립하였으며, 주식 역사상 가장 성공한 펀드매니저로 손꼽히는 인물이다.

주가 변동성

일정한 관찰 기간에 대한 한 주식의 표준편차(변동폭)를 일컫는다.

주가지수

주식 시장의 시세 변동을 수치로 나타낸 것이다.

주가매출비율

'PSR(Price Sales Ratio)'라고도 불린다. 특히 손실을 입은 주식의 가치를 평가하는 데 사용된다. 공산품 기업, 도매업, 원료 제조업 등 수익이 경기 동향에 좌우되는 주기성 주식의 경우, 주가매출비율을 평가의 기준으로 삼는다. 주가매출비율이 비교적 낮은 기업은 그렇지 않은 기업에 비해 가격 조건이 유리하다고 간주한다. 주가매출비율은 특정 종목의 시가 총액을 1주당 매출액으로 나눠 계산한다.

주가수익비율

'PER(Price Earning Ratio)'이라고 부른다. 한 기업의 주가가 현재 수익의 몇 배인지를 나타내는 금융 지표다. 주가수익 비율은 주식 평가 시 가장 많이 사용되는 지표다. 그러나 손실을 입었을 경우 주가수익비율은 평가 기준으로 설득력이 없다. 이 경우에는 주가현금흐름비율을 기준으로 적용한다. 주가수익비율은 주가를 주가순이익으로 나눠 계산한다.

주가장부가치비율

'PBR(Price Book Value Ratio)'이라고 부른다. 주가장부가치비율은 워런 버핏, 벤저민 그레이엄 등의 가치투자자들이 주식과 기업을 평가하는 데 주로 사용했다. 주가장부가치비율이 낮을수록 주가가 낮다. 주가장부가치비율은 가치투자에서 특히 많이 사용된다. 주가장부가치비율은 주가를 주가장부가치로 나눠 계산한다. '주가순자산비율'이라고도 한다.

주가순이익성장비율

'PEG(Price Earnings to Growth Ratio)'이라고 부른다. 주가순이익성장비율은 성장주가 저평가 혹은 고평가되었는지 판단하는 기준으로 활용된다. 주가순이익성장비율이 1보다 낮은 경우 저평가되었다는 뜻이다.

주가현금흐름비율

'PCR(Price Cashflow Ratio)'이라고 부른다. 유동성을 가늠하는 금융 지표다. 손실이 발생한 경우 주가수익비율 대신 주가현금흐름비율이 적용된다. 이 경우 주가수익비율은 유동성 평가 기준으로서 설득력이 없기 때문이다. 특히 주가현금흐름비율은 기업 경영진이 분식 회계를 하는 경우 타격을 적게 입는다. 주가현금흐름비율이 낮을수록 주식의 가치가 높다.

주식

주식회사에 대한 지분을 증서로 발행한 유가증권이다. 주식 소유주(주주)는 기본적으로 주식회사의 사원이다. 주식회사는 주주에게 주식을 매도하여 자기자본을 마련한다.

주식 병합

주식을 병합하면 한 기업에서 발행한 주식의 수가 감소하거나, 주식의 액면가가 상승한다. 주식 병합 결과 분할 비율에 따라 주가가 상승한다. 예를 들어 주식이 지나치게 낮은 가격으로 거래될 때 주식 병합이 이뤄진다. 바로 이때 페니스톡을 노리고 투자자들이 몰려들기도 한다. 주식 병합의 반대 개념은 액면분할이다.

주식 옵션

계약으로 합의된 권리를 말한다. 주식 옵션은 거래 기간이 한정되어 있다. 대표적으로 콜옵션과 풋옵션 등이 있다. 콜옵션은 옵션 거래 기간 동안 미리 정해 놓은 가격(행사 가격)에 정해진 수만큼 매입할 수 있는 권리를 보장한다. 풋옵션은 주식 시세가 상승할 때 적은 자본을 투입해 시세 차익을 노리는 투기 목적으로 이용된다. 따라서 풋옵션은 시장이 하락할 때 포트폴리오를 방어하는 안전장치로 활용된다.

주식 환매

주식회사가 자사에서 발행한 주식을 다시 매입하는 것을 주식 환매라고 한다. 일반적으로 주식 환매 후에는 주식의 가치가 상승한다. 또는 기업 인수를 막기 위한 조치로 주식 환매가 이루어지기도 한다.

주식형 펀드

펀드매니저가 관리하는 특별 자산으로, 다양한 주식에 투자하는 펀드다. 주식형 펀드 외에도 부동산 펀드, 연금 펀드, 혼합형 펀드가 있다.

주식회사

주식법 1조에 의하면 주식회사는 고유의 법인격이 있는 회사다. 주식에는 주식회사의 자본이 분할되어 있다. 주식회사는 자사 주식을 증시에 상장시킬 수도 있고, 증시를 통해 매도나 재매수할 수 있다.

증거금

흔히 레버리지 투자를 하는 매수자들이 결제를 이행할 때 지불하는 보증금을 말한다. 증거금은 투기가 잘못되었을 때 손실을 청산하는 데 사용된다. 선물 거래나 공매도에서도 증거금이 필요하다.

증시

주식 (혹은 다른 상품)이 거래되는 장소를 말한다. 뉴욕, 런던, 도쿄에 위치한 증권거래소가 가장 대표적이다.

짐 로저스

이른 나리에 주식 투자로 대성공을 거둔 미국의 투자자다. 로저스는 원자재 투자의 황제이자 중국 투자자로도 유명하다.

차액 결제 거래

약어로 'CFD(Contracts for Difference)'라고 불린다. 주식, 원자재, 통화 거래 시에는 시세 차익이 발생한다. 차액 결제 거래는 거래 당사자 간 이러한 시세 차익을 합의시켜주는 일종의 지불 합의다. 차액 결제 거래는 트레이더에게 일정한 기준을 정하지 않고 시세를 정할 수 있도록 허용한다. 차액 결제 거래는 투기성이 강하고 높은 수익을 달성할 수 있다는 점에서 매력적이다. 레버리지 효과가 발생하는 금융 상품으로, 자본을 적게 투입해서 수익을 크게 올릴 수 있다.

차익 거래

시간, 공간이 달라질 때 발생하는 가격 차이를 활용하는 투자법. 예를 들어 여러 지역에서 한 주식에 투자하는 경우 시세가 다를 수 있다. 이 경우 시세가 저렴한 지역에서 주식을 매입해, 더 높은 시세로 다른 지역에서 매도하면 시세 차익을 얻을 수 있다. 하지만 전자상거래 도입으로 시장의 투명성이 꾸준히 증가하면서 유가증권의 차익 거래는 그 의미를 잃고 있다.

찰리 멍거

미국의 법률가이자 가치투자자. 1978년부터 버크셔해서웨이의 부회장으로 활약 중이다.

채권

고정 금리의 유가증권을 말한다. 채권은 은행, 기업, 지방

자치단체 등 여러 기관에서 발행한다.

채권 펀드

주로 채권에 투자하는 투자 펀드를 말한다. 채권 펀드에 투자할 경우 특히 금리가 인하되는 시기에 수익을 얻을 수 있다.

채무

한 기업이 공개적으로 책임져야 부채의 총합을 일컫는다. 은행 대출, 각 기업이 발행한 채권(회사채), 고객이 아직 지불하지 않은 할부금 등을 모두 포함한다. 한 기업의 채무는 대차대조표의 대변에 기입한다.

청산

파생상품, 유가증권, 외환 등을 매입하거나 매도할 때 상쇄거래를 통해 기존의 부채를 정리하는 것을 뜻한다.

총자본수익률

한 기업이 자본으로 만들어낸 수익의 비율을 뜻한다. 어떤 기업의 총자본수익률이 10퍼센트라는 것은 이 기업이 100달러의 자본을 투입해 10달러의 수익을 거뒀다는 뜻이다.

총자산이익률

한 기업이 자산으로 벌어들인 모든 당기순이익의 비율을 뜻한다. 총자산이익률이 10퍼센트라면 100달러의 자산을 투입해 10달러의 당기순이익을 거뒀다는 뜻이다.

퀀텀 펀드

전설적인 투자자 조지 소로스와 짐 로저스가 설립한 헤지펀드.

턴어라운드

어떤 기업이나 종목이 조직 개혁과 경영 혁신을 통해 실적이 개선되는 상황을 뜻한다.

투기꾼

장기적으로 투자할 목적이 아니라 단기적인 이익을 취하

기 위해 주식을 매입한다. 투기꾼들은 리스크가 높은 주식에도 자주 투자한다. 독일어에서 '투기꾼'과 '무책임한 행위'는 동의어로 통한다.

투자 펀드

주식형 펀드, 부동산 펀드, 원자재 펀드, 채권 펀드 등으로 나뉜다. 여러 유형의 펀드에 투자하는 혼합형 펀드와, 여러 혼합형 펀드에 재투자하는 펀드 오브 펀드(재간접 펀드)로 구분하기도 한다. 투자 펀드를 구분하는 또 다른 기준은 접근성이다. 접근성에 따라 투자 펀드는 개방형 펀드와 폐쇄형 펀드로 구분된다. 개방형 펀드의 경우 언제든 채권을 거래할 수 있다. 폐쇄형 펀드인 경우 공모 기간에만 취득할 수 있고 만기가 되면 자본 회사는 펀드를 회수한다.

투자 지표

한 기업의 기본적 성과를 평가하는 모든 지표를 말한다. 배당수익률, 자기자본비율, 자기자본이익률, 주가수익비율, 주가순자산비율, 주가현금흐름비율, 주가매출비율 등이 포함된다.

트레이더

단기간에 유가증권을 매입하고 매도하는 전문 투자자. 이들은 수익성이 높은 분야에 투자해 시세 차익을 노린다.

티본드

10년에서 30년 기간을 두고 운용되는 미국의 단기 국채.

티빌

재무성 단기 증권. 한 달이나 1년 동안만 운용되는 미국의 단기 국채를 일컫는다.

파생상품

다른 금융상품의 시세 변동(기준치)에 따라 가격이 정해지는 금융상품. 파생상품은 각 기준치의 시세 변동을 크게 체감할 수 있도록, 즉 레버리지 효과를 낼 수 있도록 구성되어 있다. 파생상품은 주가가 하락했을 경우 손실에 대비할 수 있을 뿐만 아니라, 기준치보다 주가가 상승했을 때 수익을 얻을 수 있다. 가장 많이 거래되는 파생상품으로는 채무증서, 옵션, 선물, 차액 결제 거래 등이 있다.

펀드

라틴어에서 온 개념으로, 원래는 토지나 땅의 규모를 헤아리는 단위로 활용됐다. 자본주의 시대로 넘어와 펀드라는 단어는 자산과 자본을 아우르는 상위 개념으로 통용되고 있다. 투자 시장에서는 모든 투자 대상을 지칭하는 단어로 쓰인다.

펀드매니저

펀드를 관리하는 사람. 그들이 하는 일은 펀드 자산의 수익률을 최대한 높이고 투자하는 것이다. 펀드매니저는 투자 상황, 투자 원칙, 법적 투자 범위 내에서 투자를 결정한다. 피터 린치와 존 템플턴은 투자 역사에서 가장 성공한 펀드매니저로 손꼽힌다.

페니스톡

아주 낮은 가격으로 거래되는 주식을 말한다. 유럽에서는 1유로 미만으로 거래되는 주식을 말한다. 미국에서는 5달러 미만으로 거래되는 주식을 페니스톡이라고 부른다. 페니스톡은 주가 변동이 잦고 투기자들이 가장 좋아하는 투기 대상이다.

포트폴리오

한 투자자가 투자한 모든 자산군을 총칭한다.

포트폴리오 이론

광범위하게 분산된 포트폴리오를 통해 유가증권 투자에서 발생할 수 있는 리스크를 줄일 수 있다고 주장하는 이론. 포트폴리오 이론에 의하면 다양한 주식을 한 계좌에 예탁했을 때 유용하다. 포트폴리오 이론은 노벨경제학상 수상자 해리 M. 마코위츠에 의해 개발되었다.

피터 린치

피델리티 마젤란 펀드를 운용했으며 주식 역사상 가장 성공한 펀드매니저로 손꼽힌다.

하향식 접근 방식

추상적인 영역에서 점차 내려가 구체적인 영역으로 단계적으로 분석해나가는 투자 방식. 먼저 거시 경제와 업계의 전반적인 상황을 관찰하고, 특정 기업이나 원자재 등을 분석한다. '톱다운 투자'라고도 불린다. 이것과 반대되는 개념이 상향식 접근 방식(보텀업 투자)이다.

합병

두 개 이상의 독립적인 기업이 한 기업으로 합쳐지는 것을 말한다.

행동경제학

시장 참여자들이 보이는 비이성적인 행동을 심리학적으로 해석하는 경제 이런. 주식 시장에서 비이성적인 행동을 보이는 대표적인 예로, 벤저민 그레이엄이 만든 가상의 인물 '미스터 마켓'이 있다. 그레이엄은 미스터 마켓이라는 허구의 인물을 만들어 특정 상황에서 투자자들이 비이성적인 행동을 하는 이유를 설명했다.

현금흐름

한 기업의 유동성을 평가하는 기준이다. 현금흐름은 한 기업에 유입되고 유출되는 현금의 차이로 인해 발생한다.

헤지펀드

매우 자유롭게 투자 정책을 적용할 수 있는 투자 펀드다. 헤지펀드는 주로 투기나 헤징(가격 변동으로 인한 손실을 막기 위해 실시하는 금융 거래 행위-옮긴이)을 목적으로 하는 파생상품이다. 파생상품의 레버리지 효과를 통해 막대한 수익을 올릴 수 있지만 그만큼 손실 리스크도 매우 크다.

미주

1   Rogers, Jim, Investmentregeln fürs Leben, München 2009, S. 21.

2   Rogers, Jim, Investmentregeln fürs Leben, München 2009, S. 24f.

3   Rogers, Jim, Investmentregeln fürs Leben, München 2009, S. 42.

4   Rogers, Jim, Die Abenteuer eines Kapitalisten, München 2005, S. 67.

5   Rogers, Jim, Die Wall Street ist auch nur eine Straße, Müchen 2013, S. 11.

6   Vgl. Marktbeobachtung, Kundenmagazin der HSBC für Investoren und Trader 11/2015, Düsseldorf 2015, S. 40.

7   Rogers, Jim, Investmentregeln fürs Leben, München 2009, S. 47.

8   Rogers, Jim, Investmentregeln fürs Leben, München 2009, S. 47.

9   Rogers, Jim, Die Wall Street ist auch nur eine Straße, Müchen 2013, S. 19.

10   Rogers, Jim, Investmentregeln fürs Leben, München 2009, S. 11.

11   Rogers, Jim, Investmentregeln fürs Leben, München 2009, S. 24.

12   Rogers, Jim, Investment Biker: Around the World with Jim Rogers, Holbrook 1995, S. 4.

13   Rogers, Jim, Investmentregeln fürs Leben, München 2009, S. 28.

14   Rogers, Jim, Die Wall Street ist auch nur eine Straße, Müchen 2013, S.

18.

15 Rogers, Jim, Die Wall Street ist auch nur eine Straße, Müchen 2013, S. 16.

16 Rogers, Jim, Die Wall Street ist auch nur eine Straße, Müchen 2013, S. 16.

17 Rogers, Jim, Die Wall Street ist auch nur eine Straße, Müchen 2013, S. 19f.

18 Rogers, Jim, Rohstoffe – Der attraktivste Markt der Welt, 8. Auflage, München 2016, S.10.

19 Rogers, Jim, Die Wall Street ist auch nur eine Straße, Müchen 2013, S. 19.

20 Rogers, Jim, Die Wall Street ist auch nur eine Straße, Müchen 2013, S. 17.

21 Rogers, Jim, Die Wall Street ist auch nur eine Straße, Müchen 2013, S. 17.

22 Rogers, Jim, Die Wall Street ist auch nur eine Straße, Müchen 2013, S. 18.

23 Zitelmann, Rainer, Setze dir größere Ziele! Die Geheimnisse erfolgreicher Persölichkeiten, München 2018, S. 105.

24 Rogers, Jim, Die Wall Street ist auch nur eine Straße, Müchen 2013, S. 19.

25 Rogers, Jim, Die Wall Street ist auch nur eine Straße, Müchen 2013, S. 19.

26 Rogers, Jim, Die Wall Street ist auch nur eine Straße, Müchen 2013, S. 20.

27 Rogers, Jim, Investmentregeln fürs Leben, München 2009, S. 24.

28 Rogers, Jim, Die Wall Street ist auch nur eine Straße, Müchen 2013, S.

21.

29   Rogers, Jim, Investmentregeln fürs Leben, München 2009, S. 33.

30   Rogers, Jim, Die Wall Street ist auch nur eine Straße, Müchen 2013, S. 41.

31   Rogers, Jim, Investmentregeln fürs Leben, München 2009, S. 31.

32   Vgl. https://en.wikipedia.org/wiki/The_Boat_Race_1966

33   Rogers, Jim, Die Wall Street ist auch nur eine Straße, Müchen 2013, S. 33f.

34   Vgl.: Rogers, Jim, Investment Biker: Around the World with Jim Rogers, Holbrook 1995, S. 385ff.

35   Rogers, Jim, Die Abenteuer eines Kapitalisten, München 2005, S. 17.

36   Rogers, Jim, Investieren in China – So profitieren Sie vom größten Markt der Welt, Müchen 2008, S. 10.

37   Rogers, Jim, Die Wall Street ist auch nur eine Straße, Müchen 2013, S. 43.

38   Rogers, Jim, Die Wall Street ist auch nur eine Straße, Müchen 2013, S. 43f.

39   Balsinger, Peter; Werner, Frank, Die Erfolgsgeheimnisse der Börsenmillionäre, München 2016, S. 184f.

40   Rogers, Jim, Investieren in China – So profitieren Sie vom größten Markt der Welt, Müchen 2008, S. 19.

41   Rogers, Jim, Die Abenteuer eines Kapitalisten, München 2005, S. 173.

42   Rogers, Jim, Die Wall Street ist auch nur eine Straße, Müchen 2013, S. 45.

43   Vgl. Train, John, Die Formeln der Erfolgreichsten! Teil 2, München 2006, S. 20.

44   Rogers, Jim, Die Wall Street ist auch nur eine Straße, Müchen 2013, S.

73.

45 Rogers, Jim, Die Wall Street ist auch nur eine Straße, Müchen 2013, S. 44.

46 Rogers, Jim, Investmentregeln fürs Leben, München 2009, S. 16.

47 Rogers, Jim, Die Wall Street ist auch nur eine Straße, Müchen 2013, S. 194.

48 Rogers, Jim, Die Wall Street ist auch nur eine Straße, Müchen 2013, S. 65.

49 Soros, George, Soros on Soros, Hoboken 1995, S. 47f.

50 Rogers, Jim, Die Wall Street ist auch nur eine Straße, Müchen 2013, S. 45.

51 Rogers, Jim, Die Wall Street ist auch nur eine Straße, Müchen 2013, S. 48.

52 Rogers, Jim, Die Wall Street ist auch nur eine Straße, Müchen 2013, S. 48.

53 Rogers, Jim, Die Wall Street ist auch nur eine Straße, Müchen 2013, S. 73.

54 Rogers, Jim, Investmentregeln fürs Leben, München 2009, S. 11f.

55 Slater, Robert, George Soros, München 2009, S. 106.

56 Rogers, Jim, Die Wall Street ist auch nur eine Straße, Müchen 2013, S. 75 f.

57 Balsinger, Peter; Werner, Frank, Die Erfolgsgeheimnisse der Börsenmillionäre, München 2016, S. 184.

58 Slater, Robert, George Soros, München 2009, S. 25.

59 Slater, Robert, George Soros, München 2009, S. 26.

60 Train, John, Die Formeln der Erfolgreichsten! Teil 2, München 2006, S. 20.

61   Rogers, Jim, Die Wall Street ist auch nur eine Straße, Müchen 2013, S. 49.

62   Rogers, Jim, Investment Biker: Around the World with Jim Rogers, Holbrook 1995, S. 5.

63   Rogers, Jim, Die Wall Street ist auch nur eine Straße, Müchen 2013, S. 45.

64   Rogers, Jim, Investment Biker: Around the World with Jim Rogers, Holbrook 1995, S. 6ff.

65   Rogers, Jim, Die Wall Street ist auch nur eine Straße, Müchen 2013, S. 94f.

66   Rogers, Jim, Die Abenteuer eines Kapitalisten, München 2005, S. 12.

67   Rogers, Jim, Die Abenteuer eines Kapitalisten, München 2005, S. 275.

68   Rogers, Jim, Investieren in China – So profitieren Sie vom größten Markt der Welt, Müchen 2008, S. 30.

69   Rogers, Jim, Die Wall Street ist auch nur eine Straße, Müchen 2013, S. 125.

70   Rogers, Jim, Die Abenteuer eines Kapitalisten, München 2005, S. 130.

71   Rogers, Jim, Die Wall Street ist auch nur eine Straße, Müchen 2013, S. 127.

72   Rogers, Jim, Die Abenteuer eines Kapitalisten, München 2005, S. 123.

73   Rogers, Jim, Die Wall Street ist auch nur eine Straße, Müchen 2013, S. 142.

74   Rogers, Jim, Die Wall Street ist auch nur eine Straße, Müchen 2013, S. 158.

75   Rogers, Jim, Die Abenteuer eines Kapitalisten, München 2005, S. 111.

76   Rogers, Jim, Die Abenteuer eines Kapitalisten, München 2005, S. 141.

77   Rogers, Jim, Die Abenteuer eines Kapitalisten, München 2005, S. 153.

78   Rogers, Jim, Die Abenteuer eines Kapitalisten, München 2005, S. 179.

79   Rogers, Jim, Die Abenteuer eines Kapitalisten, München 2005, S. 248.

80   Rogers, Jim, Die Abenteuer eines Kapitalisten, München 2005, S. 292.

81   Rogers, Jim, Die Abenteuer eines Kapitalisten, München 2005, S. 299.

82   Rogers, Jim, Die Wall Street ist auch nur eine Straße, Müchen 2013, S. 18.

83   Rogers, Jim, Die Wall Street ist auch nur eine Straße, Müchen 2013, S. 82.

84   Rogers, Jim, Die Wall Street ist auch nur eine Straße, Müchen 2013, S. 82.

85   Vgl. Morrien, Rolf; Vinkelau, Heinz, Alles was Sie über Warren Buffett wissen müssen, München 2018.

86   Vgl. Morrien, Rolf; Vinkelau, Heinz, Alles was Sie über Benjamin Graham wissen müssen, München 2018.

87   Train, John, Die Formeln der Erfolgreichsten! Teil 2, München 2006, S. 21.

88   Rogers, Jim, Die Wall Street ist auch nur eine Straße, Müchen 2013, S. 84.

89   Rogers, Jim, Rohstoffe – Der attraktivste Markt der Welt, 8. Auflage, München 2016, S. 13.

90   Rogers, Jim, Investmentregeln fürs Leben, München 2009, S. 12.

91   Vgl. Zitelmann, Rainer, Setze dir größere Ziele! Die Geheimnisse erfolgreicher Persölichkeiten, München 2018, S. 106.

92   Rogers, Jim, Die Wall Street ist auch nur eine Straße, Müchen 2013, S. 123.

93   www.nationalreview.com/magazine/2010/03/08/jim-shrugged/

94   Rogers, Jim, Die Wall Street ist auch nur eine Straße, Müchen 2013, S.

168.

95 Vgl. http://english.hani.co.kr/arti/english_edition/e_northkorea/
891182.html.

96 Vgl. www.pusan.ac.kr/eng/CMS/Board/Board.do?mCode=
MN064&mode=view&mgr_ seq=49&board_seq=1391606.

97 Rogers, Jim, Investmentregeln fürs Leben, München 2009, S. 51.

98 Weitere Informationen zum RICI finden Sie unter www.
rogersrawmaterials.com.

99 Rogers, Jim, Investmentregeln fürs Leben, München 2009, S. 52.

100 Rogers, Jim, Rohstoffe – Der attraktivste Markt der Welt, 8. Auflage,
München 2016, S. 15.

101 Rogers, Jim, Die Wall Street ist auch nur eine Straße, Müchen 2013, S.
157.

102 Rogers, Jim, Die Wall Street ist auch nur eine Straße, Müchen 2013, S.
244.

103 Slater, Robert, George Soros, München 2009, S. 94.

104 Train, John, Die Formeln der Erfolgreichsten! München 2006, S. 20.

105 Slater, Robert, George Soros, München 2009, S. 26.

106 Slater, Robert, George Soros, München 2009, S. 93.

107 Slater, Robert, George Soros, München 2009, S. 104.

108 www.therichest.com/celebnetworth/celebrity-business/men/jim-
rogers-net-worth/.

109 Rogers, Jim, Investmentregeln fürs Leben, München 2009, S. 36.

110 Rogers, Jim, Die Wall Street ist auch nur eine Straße, Müchen 2013, S.
66.

111 Train, John, Die Formeln der Erfolgreichsten! München 2006, S. 13.

112 Rogers, Jim, Investmentregeln fürs Leben, München 2009, S. 50.

113 Rogers, Jim, Die Wall Street ist auch nur eine Straße, Müchen 2013, S. 66.

114 Soros, George, Soros on Soros, Hoboken 1995, S. 48.

115 Rogers, Jim, Investmentregeln fürs Leben, München 2009, S. 36.

116 Rogers, Jim, Die Wall Street ist auch nur eine Straße, Müchen 2013, S. 55.

117 Rogers, Jim, Investmentregeln fürs Leben, München 2009, S. 72.

118 Rogers, Jim, Investieren in China – So profitieren Sie vom größten Markt der Welt, Müchen 2008, S. 19.

119 Rogers, Jim, Investmentregeln fürs Leben, München 2009, S. 84.

120 Rogers, Jim, Investmentregeln fürs Leben, München 2009, S. 73.

121 Rogers, Jim, Die Abenteuer eines Kapitalisten, München 2005, S. 305.

122 Rogers, Jim, Investmentregeln fürs Leben, München 2009, S. 83.

123 Rogers, Jim, Die Wall Street ist auch nur eine Straße, Müchen 2013, S. 56.

124 Rogers, Jim, Investmentregeln fürs Leben, München 2009, S. 18.

125 Rogers, Jim, Die Abenteuer eines Kapitalisten, München 2005, S. 83.

126 Rogers, Jim, Die Wall Street ist auch nur eine Straße, Müchen 2013, S. 56.

127 Train, John, Die Formeln der Erfolgreichsten! München 2006, S. 15.

128 Rogers, Jim, Die Wall Street ist auch nur eine Straße, Müchen 2013, S. 62.

129 Rogers, Jim, Die Wall Street ist auch nur eine Straße, Müchen 2013, S. 63.

130 Rogers, Jim, Die Wall Street ist auch nur eine Straße, Müchen 2013, S. 60.

131 Rogers, Jim, Die Wall Street ist auch nur eine Straße, Müchen 2013, S.

60.

132 Rogers, Jim, Investmentregeln fürs Leben, München 2009, S. 17.

133 Rogers, Jim, Rohstoffe – Der attraktivste Markt der Welt, 8. Auflage, München 2016, S. 22.

134 Rogers, Jim, Rohstoffe – Der attraktivste Markt der Welt, 8. Auflage, München 2016, S. 9.

135 Rogers, Jim, Rohstoffe – Der attraktivste Markt der Welt, 8. Auflage, München 2016, S. 9.

136 Rogers, Jim, Rohstoffe – Der attraktivste Markt der Welt, 8. Auflage, München 2016, S. 21.

137 Rogers, Jim, Rohstoffe – Der attraktivste Markt der Welt, 8. Auflage, München 2016, S. 122.

138 Rogers, Jim, Rohstoffe – Der attraktivste Markt der Welt, 8. Auflage, München 2016, S. 14.

139 Rogers, Jim, Rohstoffe – Der attraktivste Markt der Welt, 8. Auflage, München 2016, S. 45.

140 Rogers, Jim, Rohstoffe – Der attraktivste Markt der Welt, 8. Auflage, München 2016, S. 11.

141 Rogers, Jim, Investmentregeln fürs Leben, München 2009, S. 52.

142 Rogers, Jim, Die Abenteuer eines Kapitalisten, München 2005, S. 307.

143 Rogers, Jim, Rohstoffe – Der attraktivste Markt der Welt, 8. Auflage, München 2016, S. 40.

144 Rogers, Jim, Rohstoffe – Der attraktivste Markt der Welt, 8. Auflage, München 2016, S. 255.

145 Rogers, Jim, Rohstoffe – Der attraktivste Markt der Welt, 8. Auflage, München 2016, S. 41f.

146 Rogers, Jim, Investmentregeln fürs Leben, München 2009, S. 51.

147   Rogers, Jim, Rohstoffe – Der attraktivste Markt der Welt, 8. Auflage, München 2016, S. 59.

148   Rogers, Jim, Rohstoffe – Der attraktivste Markt der Welt, 8. Auflage, München 2016, S. 30.

149   Rogers, Jim, Rohstoffe – Der attraktivste Markt der Welt, 8. Auflage, München 2016, S. 39.

150   Rogers, Jim, Rohstoffe – Der attraktivste Markt der Welt, 8. Auflage, München 2016, S. 11.

151   Rogers, Jim, Rohstoffe – Der attraktivste Markt der Welt, 8. Auflage, München 2016, S. 49.

152   Rogers, Jim, Rohstoffe – Der attraktivste Markt der Welt, 8. Auflage, München 2016, S. 65.

153   Rogers, Jim, Rohstoffe – Der attraktivste Markt der Welt, 8. Auflage, München 2016, S. 88.

154   Rogers, Jim, Rohstoffe – Der attraktivste Markt der Welt, 8. Auflage, München 2016, S. 62.

155   Rogers, Jim, Rohstoffe – Der attraktivste Markt der Welt, 8. Auflage, München 2016, S. 51.

156   Rogers, Jim, Rohstoffe – Der attraktivste Markt der Welt, 8. Auflage, München 2016, S. 57.

157   Rogers, Jim, Rohstoffe – Der attraktivste Markt der Welt, 8. Auflage, München 2016, S. 81.

158   http://www.rogersrawmaterials.com/weight.asp.

159   https://data.bloomberglp.com/professional/sites/10/BCOM-Fact-Sheet5.pdf.

160   https://www.cb-index.de/details/commerzbank-commodity-ex-agriculture-ew-index-tr/ CONA_USD.

161 https://www.refinitiv.com/content/dam/marketing/en_us/documents/ fact-sheets/ cc-crb-total-return-index-fact-sheet.pdf.

162 https://www.ubs.com/global/en/investment-bank/ib/bloomberg-cmci/universe/ composite-index.

163 https://index.db.com/dbiqweb2/home.do.

164 https://us.spindices.com/indices/commodities/sp-gsci.

165 Rogers, Jim, Rohstoffe – Der attraktivste Markt der Welt, 8. Auflage, München 2016, S. 76.

166 Rogers, Jim, Rohstoffe – Der attraktivste Markt der Welt, 8. Auflage, München 2016, S. 118.

167 Rogers, Jim, Rohstoffe – Der attraktivste Markt der Welt, 8. Auflage, München 2016, S. 83.

168 Rogers, Jim, Investmentregeln fürs Leben, München 2009, S. 38.

169 Rogers, Jim, Die Abenteuer eines Kapitalisten, München 2005, S. 12.

170 Rogers, Jim, Die Abenteuer eines Kapitalisten, München 2005, S. 173.

171 Rogers, Jim, Investmentregeln fürs Leben, München 2009, S. 30.

172 Rogers, Jim, Investmentregeln fürs Leben, München 2009, S. 30.

173 Rogers, Jim, Die Abenteuer eines Kapitalisten, München 2005, S. 75.

174 Rogers, Jim, Die Abenteuer eines Kapitalisten, München 2005, S. 12.

175 Rogers, Jim, Die Abenteuer eines Kapitalisten, München 2005, S. 266.

176 Rogers, Jim, Rohstoffe – Der attraktivste Markt der Welt, 8. Auflage, München 2016, S. 123.

177 Rogers, Jim, Investieren in China – So profitieren Sie vom größten Markt der Welt, Müchen 2008, S. 14.

178 Rogers, Jim, Die Abenteuer eines Kapitalisten, München 2005, S. 56.

179 Rogers, Jim, Investieren in China – So profitieren Sie vom größten Markt der Welt, Müchen 2008, S. 93.

180 Rogers, Jim, Investieren in China – So profitieren Sie vom größten Markt der Welt, Müchen 2008, S. 19.

181 Rogers, Jim, Investieren in China – So profitieren Sie vom größten Markt der Welt, Müchen 2008, S. 12.

182 Rogers, Jim, Investieren in China – So profitieren Sie vom größten Markt der Welt, Müchen 2008, S. 47.

183 Rogers, Jim, Investieren in China – So profitieren Sie vom größten Markt der Welt, Müchen 2008, S. 75.

184 Rogers, Jim, Die Wall Street ist auch nur eine Straße, Müchen 2013, S. 212.

185 Rogers, Jim, Die Wall Street ist auch nur eine Straße, Müchen 2013, S. 213.

미주   227

더 클래식 짐 로저스

초판 1쇄 인쇄 2022년 5월 17일
초판 1쇄 발행 2022년 6월 7일

지은이 롤프 모리엔·하인츠 핀켈라우
옮긴이 강영옥
감수 이상건
펴낸이 김선식

경영총괄 김은영
책임편집 성기병 **디자인** 윤유정 **책임마케터** 이고은
콘텐츠사업1팀장 임보윤 **콘텐츠사업1팀** 윤유정, 한다혜, 성기병, 문주연
편집관리팀 조세현, 백설희 **저작권팀** 한승빈, 김재원, 이슬
마케팅본부장 권장규 **마케팅2팀** 이고은, 김지우
미디어홍보본부장 정명찬
홍보팀 안지혜, 김은지, 박재연, 이소영, 이예주, 오수미
뉴미디어팀 허지호, 박지수, 임유나, 송희진, 홍수경
경영관리본부 하미선, 이우철, 박상민, 윤이경, 김재경, 최완규
이지우, 김혜진, 오지영, 김소영, 안혜선, 김진경, 황호준, 양치환
물류관리팀 김형기, 김선진, 한유현, 민주홍, 전태환, 전태연, 양문현
외부스태프 표지 일러스트 손창현

펴낸곳 다산북스 **출판등록** 2005년 12월 23일 제313-2005-00277호
주소 경기도 파주시 회동길 490
전화 02-702-1724 **팩스** 02-703-2219 **이메일** dasanbooks@dasanbooks.com
홈페이지 www.dasan.group **블로그** blog.naver.com/dasan.books
종이 IPP **인쇄** 민언프린텍 **제본** 다온바이텍 **후가공** 제이오엘앤피

ISBN 979-11-306-9072-8 (04320)

• 책값은 뒤표지에 있습니다.
• 파본은 구입하신 서점에서 교환해드립니다.
• 이 책은 저작권법에 의하여 보호를 받는 저작물이므로 무단 전재와 복제를 금합니다.

다산북스(DASANBOOKS)는 독자 여러분의 책에 관한 아이디어와 원고 투고를 기쁜 마음으로 기다리고 있습니다.
책 출간을 원하는 아이디어가 있으신 분은 다산북스 홈페이지 '투고원고'란으로 간단한 개요와 취지, 연락처 등을 보내주세요.
머뭇거리지 말고 문을 두드리세요.